ユミリー風水で幸運を呼ぶ

パワーストーン インテリア

直居由美里

池田書店

Prologue

パワーストーンを住まいの風水に取り入れて

近頃はパワーストーンが流行っています。誰もが手首にパワーストーンをしてお守りにしています。私は腕につけることと平行して、家やインテリアにもパワーストーンを使うべきだと日頃から思っていました。

今回は、私のインテリア風水術には欠かせないパワーストーンの使い方をご紹介させていただきました。

風水で環境を考えるとき、石は大きな役割を占めています。敵を阻むときに石塀をつくったり、お城を守るための石垣にしたり……強く固い素材である石は、長い年月で蓄積した大きな力を持っているのです。

身につけるパワーストーンも大切ですが、毎日の生

活を営む環境である家や家のまわりに石を用いることこそ風水の神髄です。石は外に置けば悪を跳ね返し、家の中に置けば、その家の中の気を活性化し、よい気に満ちた空間をつくることができるのです。この本を活用してパワーストーンを効果的に配置して外からの邪気を跳ね返し、また、部屋の中に置き目的別の力を得てください。ある人がお向かいの家と上手くいかず悩んでいるときに、家の前の指定した位置に赤い石を置くことをおすすめしました。その後、お向かいのお宅とよい関係が続いているそうです。

　私の家では、外にも家の中にもパワーストーンをたくさん使って、常にパワフルな気に満ちた環境をつくっています。みなさんの家でも、インテリアに目的別のパワーストーンを利用して幸運をつかんで下さい。

直居由美里

プロローグ 2

ユミリー風水は、幸せになるための手引きです 8

PART 1

13 ユミリー風水パワーストーンの基本レッスン10

Lesson 1 パワーストーンも風水のひとつ 14

Lesson 2 パワーストーンのある風水生活 18

Lesson 3 パワーストーンの形の意味を知る 22

Lesson 4 パワーストーンの選び方 24

Lesson 5 パワーストーンの買い方１ 26

Lesson 6 パワーストーンの買い方２ 28

Lesson 7 パワーストーンの浄化法 30

Lesson 8 パワーストーンをインテリアとして使う 32

Lesson 9 万能ストーンのクリスタルで邪気を払う 34

Lesson 10 攻撃の気から身を守る置き方 36

実践編 パワーストーン・ユミリースタイル 38

PART 2

45 運気別 幸せを招くパワーストーン術

恋愛運

恋愛運アップはローズクオーツを洗面所に 46

恋愛運を強化するパワーストーン使い 47

願い事が叶う ピンポイントパワーストーン術 48

理想の間取りとパワーストーン　ワンルーム 52／1DK 53／1LDK 54

Contents

ユミリー風水で幸運を呼ぶ
パワーストーン・インテリア

恋愛運NG間取りのリカバリー法 55

結婚運

結婚運アップはルビーを寝室に 56
結婚運を強化するパワーストーン使い 57
願い事が叶う ピンポイントパワーストーン術 58
理想の間取りとパワーストーン ワンルーム 60／1LDK 61／1LDK 62
結婚運NG間取りのリカバリー法 63

家庭運

家庭運アップはジェイドをキッチンに 64
家庭運を強化するパワーストーン使い 65
願い事が叶う ピンポイントパワーストーン術 66
理想の間取りとパワーストーン 2DK 68／2LDK 69／3LDK 70
家庭運NG間取りのリカバリー法 71

パワーストーン コラム1
新しい出発をきるための縁切りパワーストーン 72

仕事運

仕事運アップはアクアマリンを仕事部屋に 74
仕事運を強化するパワーストーン使い 75
願い事が叶う ピンポイントパワーストーン術 76
理想の間取りとパワーストーン
ワンルーム 80／1LDK 81／2DK 82／2LDK 83／3LDK 84
仕事運NG間取りのリカバリー法 85

金運

金運アップはシトリンを玄関に　86
金運を強化するパワーストーン使い　87
願い事が叶う　ピンポイントパワーストーン術　88
理想の間取りとパワーストーン
　ワンルーム　92／1LDK　93／2DK　94／2LDK　95／3LDK　96
金運NG間取りのリカバリー法　97

健康運

健康運アップはパールを浴室に　98
健康運を強化するパワーストーン使い　99
願い事が叶う　ピンポイントパワーストーン術　100
理想の間取りとパワーストーン
　ワンルーム　102／1LDK　103／2DK　104／2LDK　105／3LDK　106
健康運NG間取りのリカバリー法　107

人間関係運

人間関係運アップはペリドットをリビングに　108
人間関係運を強化するパワーストーン使い　109
願い事が叶う　ピンポイントパワーストーン術　110
理想の間取りとパワーストーン
　ワンルーム　112／1LDK　113／2DK　114／2LDK　115／3LDK　116
人間関係運NG間取りのリカバリー法　117

パワーストーン　コラム2

携帯電話で風水パワーを得る　118

Contents

ユミリー風水で幸運を呼ぶ
パワーストーン・インテリア

PART 3

119 幸福を招くパワーストーンカタログ

パワーストーンカタログの見方 120

アクアマリン 121／アベンチュリン 121／アメジスト 121／アラゴナイト 121／アンバー 122／エメラルド 122／オニキス 122

オパール 122／オレンジカルサイト 123／ガーネット 123／カーネリアン 123／カルセドニー 123／クリスタル 124

コーラル 124／サファイア 124／サルファー 124／ジェイド 125／シトリン 125／ジャスパー（レッド） 125／スギライト 125

セラフィナイト 126／セレスタイト 126／ソーダライト 126／ターコイズ 126／タイガーアイ 127／トパーズ 127／パール 127

ピンクカルサイト 127／ピンクトルマリン 128／ブラックトルマリン 128／ブルーレースアゲート 128／フロライト 128

ヘマタイト 129／ペリドット 129／マラカイト 129／ムーンストーン 129／モスアゲート 130／モルガナイト 130

ラピスラズリ 130／ラリマー 130／ルチルクオーツ 131／ルビー 131／ローズクオーツ 131／ロードクロサイト 131

パワーストーンの相性 132

おうちでつくるパワーストーンインテリア

手づくりインテリア① 吊るして楽しむプリズムシャンデリア 136

手づくりインテリア② ストーンを貼ってパワフル風水アイテムに 140

PART 4

141 ライフスター別 パワーストーン活用術

生まれ年で自分のライフスターを知りましょう 142

ライフスター早見表 143

一白水星の性格と家づくり 144／二黒土星の性格と家づくり 145／三碧木星の性格と家づくり 146

四緑木星の性格と家づくり 147／五黄土星の性格と家づくり 148／六白金星の性格と家づくり 149

七赤金星の性格と家づくり 150／八白土星の性格と家づくり 151／九紫火星の性格と家づくり 152

相性を強化し、補うパワーストーンの使い方 153

もっと知りたいパワーストーンQ&A 156

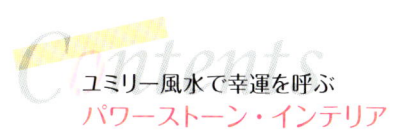

ユミリー風水は、幸せになるための手引きです

風水は幸せをもたらす環境学

風水は中国で生まれた、元来、天子だけが学ぶことのできた学問でした。これは、皇帝学から派生したもので、自然の摂理を応用した環境学ともいえます。もともと皇帝が民や国を治め、都を繁栄させるために使われていました。ですから、風水は昔、庶民に伝わることはありませんでした。皇帝だけが学ぶ門外不出の学問で、当たるも八卦、当たらぬも八卦という占いなどとはまったく違ったものなのです。

風水の「風」は目に見えない空気のようなもの。気の流れや実際に体感できる空気の流れのことです。「水」は空気

中に含まれる水分をはじめ、自然界全体の水をあらわしています。そして空気や水と同じように、植物を育む太陽。これらの環境を整えよい気を引き寄せ、人を幸せに導く指針が、風水なのです。

風水の基本的な考え方は、陰と陽から成っています。陽とは表面にあらわれ目に見える部分。※1家相、姓名、※2印相、人相、手相、※3墓相です。陰とは形のないもので、※4五行、九星（詳しく後述）、※5十干《じっかん》、※6十二支、※7四柱推命《しちゅうすいめい》などです。これらは生まれ年や干支など形のないものから運気を見ていきます。日本にも昔から気学という学問があります。この気学は風水をモチーフに生まれたといってもいいでしょう。気学は、人が持つさまざまな運命と大自然のエネルギーには密接な関係があり、人はこの世に生れ落ちた瞬間の大自然のエネルギーの影響を受けるとした学問です。

風水の陰と陽のすべての要素とこの気学を組み合わせ、確実な結論を導き出し人々の幸せに役立てようとしたのが、ユミリー風水です。

風水の木

※1：家の運勢のこと。
※2：印鑑の運勢のこと。
※3：墓石の運勢のこと。
※4：木・火・土・金・水のこと。
※5：五行を干支に分けたもの。
※6：子・丑・寅・卯・辰・巳・午・未・申・酉・戌・亥のこと。
※7：陰陽五行説をもとに吉凶を見る方法。

運命をかえることができる風水

人は宿命を背負って、この世に生を受けます。宿命とは自分ではどうしてもかえられないもの。例えば性別や、どんな親の元に生れるかなどです。

では、運命とはいったい何でしょう。運命は自分の命を運ぶこと。夢や目標のために行動、努力する意思の力で自分を動かしていく――。この命の運び方によって運命はかわってきます。宿命はかえられなくても、運命は自分の意思でかえることができるのです。

中国では「一命《いちめい》二《に》運《うん》三《さん》風水《ふうすい》四《し》積陰徳《せきいんとく》五《ご》唸書《ねんじょ》」という格言があります。一命とは宿命のことで、宿命に左右される子ども時代です。20歳すぎの大人になってからが二運。いよいよ運命のスタートです。ここで取り入れるべきが三風水、風水のことです。しかし、風水だけに頼っていては、幸せにはなれません。これを説いたのが残りの四積陰徳、五唸書です。自分の運気が上昇する過程で、人知れず徳を積み、教養を身につけることが必要であることを戒めています。

これらのことからもわかるように、風水は幸せになるための追い風です。私は「幸せになるためには99％の努力と、1％の風水の追い風が必要」と、いつもお話しています。

まずは自分の環境〝住まい〟を整える

風水は幸せになるための環境学であるといいました。私は人間の営みの基本は環境、つまり住まいだと考えています。例えば風通しの悪い部屋にいると、居心地が悪いと感じませんか。そのような部屋で、人は幸せを感じることはできないはずです。建築デザイナーとして風水の研究を続け、住みやすく幸せになる住まいづくりに取り組んでいますが「人は住まいから発展する」を毎日実感しています。住まいを整え、運気がめぐるようにすることで、幸せを呼び込むことができるのです。

〝住まい〟を整えるというのは、まずは家全体を目に見えないプラスのエネルギーで満たし、気がのびやかに広がるようにすることが大切です。また、よい気には長く滞在してもらい、悪い気はすぐに出ていってもらうようにすることが大切です。気やエネルギーは玄関や窓、ドアから入ると考えてください。次に方位や間取りが問題になりますが、いろいろな事情で理想の方位や間取りに住むことができない人も多いでしょう。風水ではそのマイナスを補う方法もあります。それは方位に合った色やアイテムを使ったインテリアにすることです。また、夢や目標を達成させるために、より強いパワーを呼び込むインテリアにすることもできます。住まいが整えば、自然と生活スタイルや考え方がかわってきます。これも気がめぐっている証拠のひとつです。住まいはあなたの意思でかえることができるもの。運命と同じです。住まいを整えることは運命をかえることと同じことだと考えてください。

運命は日々努力することを忘れなければかえられるもの、夢や目標は達成できるものです。風水はあなたのサポーター、どんどん取り入れて幸せになってください。

PART 1

ユミリー風水 パワーストーンの基本レッスン10

パワーストーンは運気を高める風水アイテムです。
強いパワーを持つ石だからこそ、
正しい扱い方や使い方を知ることが大切です。
石のパワーを生活の中に上手に取り入れるための
ユミリー風水流のパワーストーン基礎知識を
まずは身につけましょう。

Lesson 1

パワーストーンも風水のひとつ

パワーストーンは自力と磁力を高める風水アイテム

風水は、自然のエネルギーを活用した環境学ということはすでにご説明したとおりです。

では、これから風水と石の関係について見ていくことにしましょう。石は自然界が生んだものですから、風水アイテムのひとつといえます。風水では自然界に存在するものはすべて五つの自然界のエネルギーに分類されるという五行の考え方があります。五行とは、木、火、土、金、水のこと。この五行のエネルギーを上手に自分の身のまわりの環境に取り入れ気をよくすることで、幸せを引き寄せることができるのです。

石も自然界が生んだものであることはかわりませんが、五行には含まれていません。なぜなら、石はとてつもない強いパワーを持っているからです。石はこの五行のエ

ネルギーを活性化するために存在しているのです。

風水は環境を整えて幸せになりましょうというものです。自分の夢や目標達成のためのサポートをするもの。パワーストーンもその一助を担っているのです。

パワーストーンとは、「自力」と「磁力」を高めてくれる石、と私は考えています。

自力とは自分が持つパワーやエネルギーをいい、やる気や内側から湧いてくる力といいかえることができます。磁力は自分が自然界にある磁場から受ける力、つまり、天地間の万物から与えてもらえるパワーをいいます。自分の運命は自然界から受けるエネルギーからも影響を受けるもの。このエネルギーを上手に使うことで運気を高めることができます。つまり、パワーストーンにもその力があるというわけです。

ユミリー風水では、パワーストーンを上手に使うことで、この2つの〝じりょく〟を高めることができると考えます。本書ではこれを自力で統一することにしますが、磁力ととらえることもできるということを知ってください。

自分に力を与え、自分を守ってくれるパワーストーン

パワーストーンは力をくれる石です。逆に、跳ね返す力がとても強いので自分を守ってくれる石ともいえます。嫌なことが続いている、あるいはよくない出来事にいつも巻き込まれてしまう、こんなときは自分を取り巻く悪い気を跳ね返して払ってくれるパワーがあります。

石そのものがものすごいパワーを持っているので、上手に使えば自分にとってプラスになりますが、間違えると石のパワーに負けてしまいます。同じ石のパワーでも、その人のエネルギーの大きさによって、ある人にとっては弱すぎることもありますし、ある人にとっては強すぎるケースもあるということを覚えておきましょう。

石のパワーは強いがゆえに、大きな石ならその効果は高いと思っている人がいるかもしれません。そのとおり

ですが注意が必要です。たとえば、料亭や庭園にいくと、人の背丈以上の巨大な石が置いてあるのを見かけます。大きな石には大きなパワーがあります。こうしたパワーに触れると心が活性化されて元気になるのですが、これはこうした強い気にたまにあたるからいいのです。

でも、毎日の生活の中でこのような大きな石のパワーを受けるのはよくありません。人は一生懸命に頑張るときとお休みするときを繰り返しながら、運命を生きています。ですから、毎日こうした石からの跳ね返しのパワーを受けることはお休みなしで心が働いてしまうことになり、好ましくありません。

病気で弱っている人がパワーストーンを使うときも注意が必要です。石のパワーを上手に使わないと、石の力に自分が負けてしまうからです。

本書はパワーストーンを家のインテリアとして活用する方法について紹介しています。自分の運気を高めたり、夢に向かって歩んでいくために適したパワーストーンの使い方を知ってください。

Lesson 2 パワーストーンのある風水生活

風水習慣で自力を高めることから

前ページで自力というお話をしました。パワーストーンは自力を高めてくれるものですが、石と上手に付き合っていくためには、もともと自分に備わっている自力を高めておくことは必要ですね。石に負けない自分をつくるとでもいうのでしょうか。これによってパワーストーンの効用を効果的に得ることができるのです。

風水とは何も特別なことを行うことではありません。自分の生活環境を整えるための毎日の生活術です。大切なのは、一過性で終わることなく毎日継続してできるかどうかということです。ひとつのことを習慣にまで持っていくには一定の時間が必要になります。風水習慣で自力を高める方法はいくつかあるので、ぜひ生活の中に取り入れた上で、パワーストーンとも付き合ってください。

自力をアップさせる風水習慣

掃除をする

きれいにすることは風水の大前提。ガラスの曇り、床にたまったホコリ、排水溝のゴミ、浴室のカビ……これらは風水的にいえば邪気そのもの。汚い部屋にパワーストーンを置いてもその邪気にパワーストーンの力がとられ、その効果は半減してしまいます。換気をよくして、気が流れるようにすることも大切です。

神社へお参りする

神社は神聖な場所です。神社には水や木や土があり、自然界のエネルギーをたっぷりと吸収することができます。神社にいくと心身が浄化されるので、邪念もなくなり自力も高まります。吉方とはその方位に動くことでよい気が得られる方位です。その日の吉方にある神社にお参りするのがおすすめです。

陰徳を積む

陰徳とは、人に知られずによい行いをすること、人が嫌がることを進んで行うことをいいます。自分の家の環境を整えるという面では、トイレ掃除がそうです。自分が使ったら便器をさっと拭く、トイレットペーパーの先を三角に折るといった行為は、次に使う人のためにその場の環境を整えていることなのです。

季節を感じる

季節の気というのはとても勢いのあるエネルギーを持っています。こうした自然界のエネルギーを上手に家に取り込むことで自力もアップできます。簡単にできるのは、季節の花や季節の絵を玄関やリビングに飾ること。また、季節の行事をきちんと行うことで、その季節の気を吸収することになります。

掃除で住まいを清めればパワーストーンの効果も倍増

　ユミリー風水で大切にしているのが住まいです。人生において長い時間を過ごすところだからこそ、そこから受ける影響はとても大きいもの。住まいをきれいにすることは風水の大前提だということを、私はいつもお話ししています。住まいをいつもきれいに掃除しておくことで、ポジティブなパワーが自分に充電されるからです。

　私がここ30年ほど毎日欠かさず行っているのが、玄関のたたきを拭くこと。1日ありがとう、という感謝の気持ちでたたきに向かいます。仕事や旅行などで家をあける以外は毎日欠かさず行っています。なぜ、玄関のたたき拭きなのかというと、玄関は気の入り口だからです。ドアから入ってくる気はたたきを通って部屋に入ります。汚れもホコリもゴミもすべて悪い気。たたきが汚いと悪い気を巻き上げてそれを家の中まで持ち込んでしまうことに。

　よい気の空間でこそ、パワーストーンの効果も十二分に発揮されるというものです。

Column

おしゃれをして自分を磨いて自力アップ

住まいをきれいにすると同様に、自分をきれいに磨くことも風水習慣のひとつ。歯を磨く、爪を切るなどは身だしなみです。ネイルをしたり、アクセサリーをつけたりと、身だしなみ以上のおしゃれをすることが自力を高めることにつながります。

各部屋の整え方

玄関

何度もいうようですが、玄関のたたきは毎日きれいに拭き掃除しましょう。履いた靴はそのままにせず、きちんと下駄箱にしまう習慣をつけてください。靴というのは私たちのかわりに、外で邪気を吸収してくれています。靴を磨くことは邪気を払うことになるので、自力を高めることにもつながります。

トイレ

トイレは湿気が多く邪気がたまりやすい場所です。嫌な臭いも悪い気をもたらします。トイレが汚れていると金運だけでなく、健康運にもマイナスです。換気を心がけ、いつも汚れがないようにキープすることが大切です。トイレを浄化するには、盛り塩、観葉植物、イオン発生器などを置くといいでしょう。

寝室

人は寝ているときも気を吸収しているので、寝室の環境を整えておくことで、よい気を取り入れることができます。寝室で気をつけたいのはベッドの位置です。枕元に窓があると気の出入りがあって落ち着きません。鏡も部屋の気を強めてしまうので、寝室に鏡があるときはカバーをかけるようにしましょう。

リビング

理想的なのは大きな窓があり、昼間はたくさん陽の光＝よい気を取り込めるようになっていることです。観葉植物や生花もよい気の流れをつくるのでぜひ取り入れましょう。丸い形や木製の家具はぬくもりをもたらすのでリビングには最適。また、家族の写真をリビングに飾ると、家族のコミュニケーションがスムーズに。

キッチン

キッチンは水と火を扱うところなので、気が乱れやすい場所です。気の調和をとるには、生花やグリーンをシンクとコンロの間に飾りましょう。また、汚い水場には邪気がたまります。シンクには洗い物はためず、生ゴミもこまめに捨てましょう。ゴミ箱は蓋つきのものにして、嫌な臭い＝悪い気が流れ出ないように。

Lesson 3

パワーストーンの形の意味を知る

自分のエネルギーに合う形が最も効果的

形には風水的な意味があり、人間は形からも大きな影響を受けています。細長く高いものは上に向かう活力の意味がありますし、尖った形は情熱や興奮を、丸い形は循環や豊かさをあらわす、といった具合です。

パワーストーンも同様です。パワーストーンにはそれぞれ固有のパワーがありますが、形はそのパワーに影響します。たとえば、石を選ぶときに、尖った形よりも丸いほうに引かれるとか、加工されたものより原石がいいなど、同じ石でも形から受ける印象は異なり、心が動かされる形というのは違います。そのときの自分のエネルギーに共鳴するような形というものがあるのです。

形が持つ意味を知っておくことは、パワーストーンと上手に付き合うひとつの方法です。

形にも意味がある

クラスター

形や大きさが不揃いの結晶が集まった原石のこと。跳ね返す力がとても強く、浄化作用はとても高いといえます。邪気払いにも効果的なので、玄関や窓辺などで使うのに適しています。

ポイント型

塔のような形をした立つタイプのものです。尖った先から強いパワーを出して力を与えてくれます。

ピラミッド型

四角は安定を意味し、尖った先端は感性の鋭さをあらわします。感覚がとぎすまされ、直感力が冴えわたります。

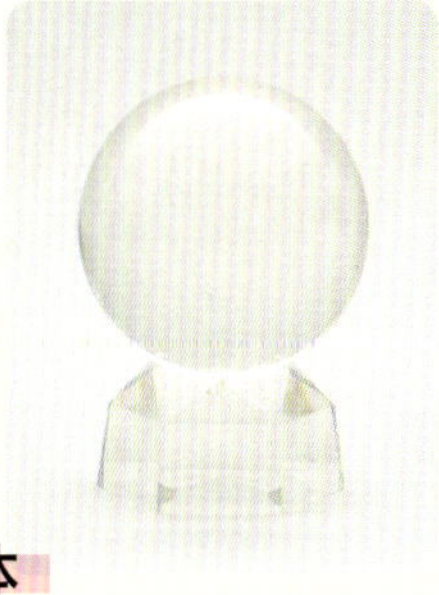

球 体

曲線や丸い形は、風水的には循環や平和をあらわします。心を穏やかにするパワーがあります。転がりやすいので、台座などで固定するようにしましょう。

ハート型

風水的には女性らしさ、愛ややさしさを意味します。恋愛、結婚など異性との心のつながりを強くもたらします。

Lesson 4

パワーストーンの選び方

色、形、石の意味……気に入ったと感じる石をチョイス

　みなさんはどのようにパワーストーンを選びますか？　もっとも大切なのは直感。たくさんの石を前にしても、引かれる石というのは必ずあります。おおげさですが、まったく同じ石というのはありません。世界にたったひとつしかない石との出合い！　直感がこうした縁を引き寄せるのです。インテリアとして、あるいはアクセサリーとして石を選ぶ場合もそれは同じです。

　石を選ぶときのアドバイスをひとつだけさせていただくと、石を置いて使う場合は、正面と後ろ、上と下というのが自分でわかる石を選ぶといいですね。私も石をさまざまな方向からながめて、顔のある石を選ぶようにしています。こうした石からは、パワーをしっかりと受けられるように感じます。

Column

石のアクセサリーの選び方

パワーストーンのアクセサリーを身につける人は少なくありません。ユミリー風水では生まれ年から割り出した星（142ページ～参照）で運気を見ます。星ごとにラッキーストーンがあるので、その石を身につけると元気になれますよ。

複数の願い事があるときの選び方

恋人が欲しい、もっと積極的になりたい、嫌なことを遠ざけたい……心に浮かぶこうしたさまざまな思いを叶えるサポート役を果たすパワーストーン。

こうしたときには、やはり石の意味をまず知り、自分の望みにあった石に狙いを定めるといいでしょう。その中でいくつも気に入った石と出会えればそれが今のあなたにふさわしい石です。望みを叶えてくれそうな効用を持った石でも、どうしても直感が働かなければ、これだ！と思える石を根気強く見つけることです。パート3では、石の効用がわかるカタログページがあるので参考にしてください。

効果の異なるパワーストーンを一緒に置くと、石がケンカして効果がなくなるのではないかと心配される方もいますが、決してそんなことはありません。私もデスクの上には、効果の異なる数種類のパソーストーンを一緒に置いています。

Lesson 5

パワーストーンの買い方1

よい気が得られる店を選ぶことが大切

何気なく立ち寄ったお店で、気になる石とふと出合い引かれて買ってしまったということもあるでしょうし、どの石を買うかあらかじめ決めてお店に行くという人もいるでしょう。

どんな形であれ、気に入った石との出合いが買いどきです。そんな石との縁を引き寄せてくれそうなお店に行きたいですよね。

風水的な条件でいうと、ひとつは吉方の方角にあるお店。吉方とは自分が動いていくことでよい気を得られる方位のこと。つまり、よい縁も引き寄せてくれるのです。ふらっと立ち寄るならパワーストーンの専門店がいいでしょう。その中でも明るいお店で、石がきれいにディスプレーされているところがおすすめです。

こんなお店が石との縁を引き寄せる

吉方の方角にある店

自分の家を基点にして吉方の方角にあるお店を探してみましょう。吉方には、年の吉方、月の吉方、日の吉方の3種類があります。パワーストーン選びの場合は、今の自分に必要な石を選ぶわけですから、日の吉方を利用するといいでしょう。日の吉方は生まれ年によって異なりますが、ユミリーの携帯サイト（160ページ参照）でも発信していますのでアクセスしてください。

石専門店

石の種類が豊富なので、気に入る石と出会える可能性はぐんと高まります。石にはそれぞれ特性があり、扱い方も異なるものです。石の効用や扱い方の専門知識を持っているので、石に合った浄化の方法なども教えてくれるはずです。

明るい店

光はまさによい気そのものです。ですから、店内が明るいお店を選ぶことを心がけましょう。自然光が入る窓の広いお店がベストですが、照明が店内にいき渡っているところなら問題ありません。店内が暗いと心がマイナスの影響を受けてしまうので、直感がうまく働かなくなってしまうことが多くなります。色や形など、自分に合った石との縁を引き寄せるパワーが小さくなってしまうことに。

きれいにディスプレイされている店

石がきれいに並べられているというのは、環境が整えられていることですから、よい気に包まれています。石が小さいかごに無造作に積んであったり、石にホコリがかぶっていたり、汚れていたり……掃除もされていないような店にはよい気もやってきません。同じ石でも、よい気に包まれている石のほうがやはりよりパワフルです。

Lesson 6

パワーストーンの買い方２

パワーストーンとの出会いには方位のパワーも借りて

パワーストーンとのよい出合いを期待するなら吉方を使うとよいという話をしました。ただし、すでに望みや目的がはっきりしている場合は、その望みのパワーを高めてくれる方位にある店に行くのも、自分に合ったパワーストーンと出合うためのひとつの方法です。

それをまとめたのが左の図です。たとえば、健康運や美容運アップを望むのであれば、自分の家から北が吉方の日に北の方角にあるお店に行けばいいわけです。

風水では、吉方の使い方などがありますが、方位の力は運気を高めるために重要な役目をしています。方位を割り出すことはちょっと面倒なことかもしれませんが、パワーストーンの楽しみ方を広げるためにも、少し努力をしてみてもよいでしょう。

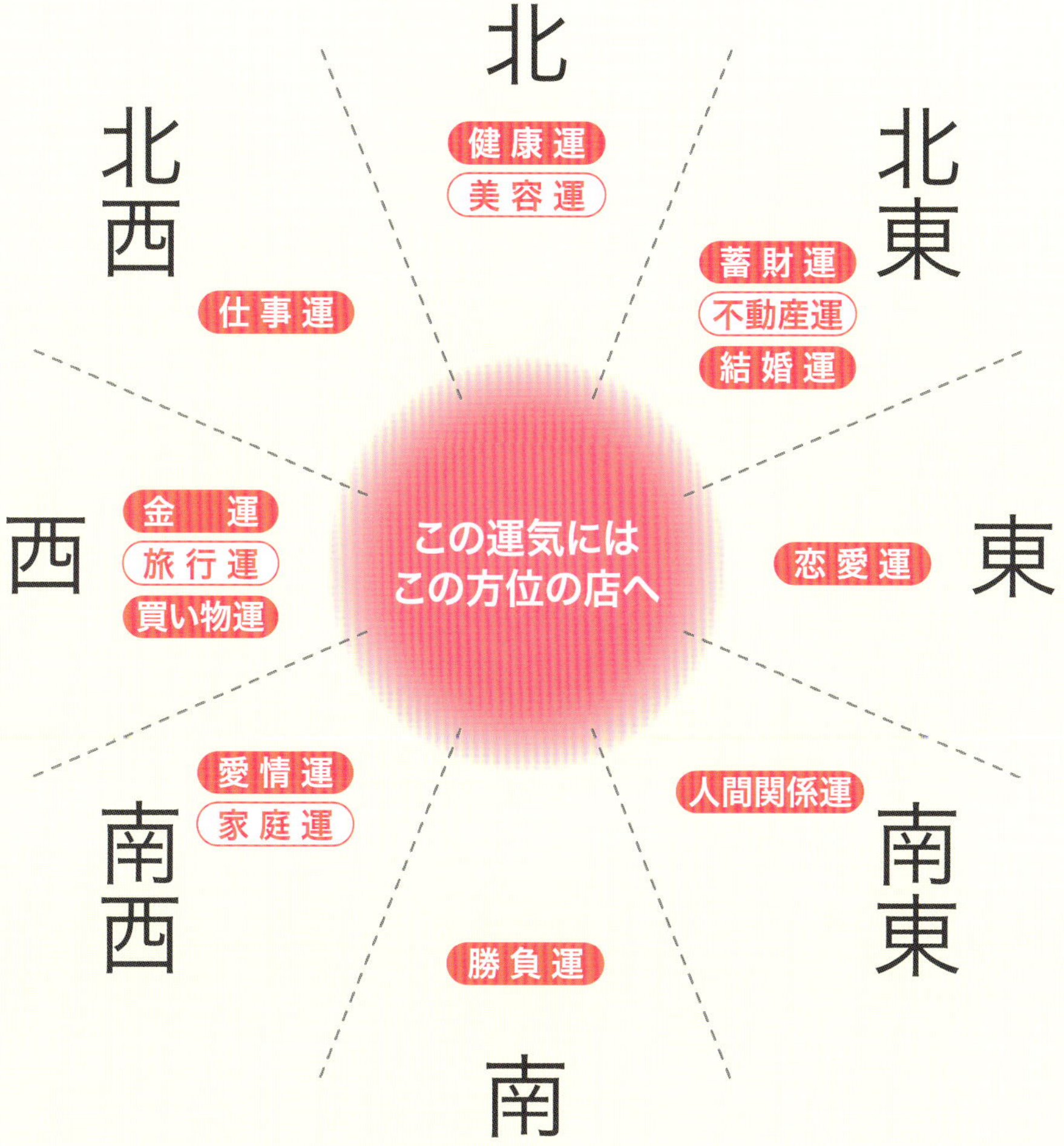
北
健康運
美容運
北西
仕事運
北東
蓄財運
不動産運
結婚運
西
金　運
旅行運
買い物運
この運気には
この方位の店へ
東
恋愛運
南西
愛情運
家庭運
南東
人間関係運
南
勝負運

Lesson 7

パワーストーンの浄化法

パワーストーンのメンテナンスは定期的に行って

石にパワーを呼び戻すために行うメンテナンスが浄化です。所有することによって石のパワーがなくなってしまうことはありませんが、長く使えば、部屋や自分についた邪気を多く吸収することになるのでパワーダウンしてしまいます。石にも定期的なお休みとエネルギーの補給が必要なのです。月に2回くらいは感謝の気持ちを持って石を浄化する日を決め、習慣にしてもいいでしょう。

太陽にあてたり、水で洗ったり、生花や植物のそばに置くなど浄化方法はいくつかあります。左ページでは、私が行う浄化方法を紹介します。パワーストーンを使う方法もあります。クリスタルは浄化作用が強いので、クリスタルの上に別の石をおけば浄化になります。クラスターと呼ばれる不揃いの結晶が集まった原石がおすすめ。

さまざまな浄化法

太陽にあてたり、水で洗う

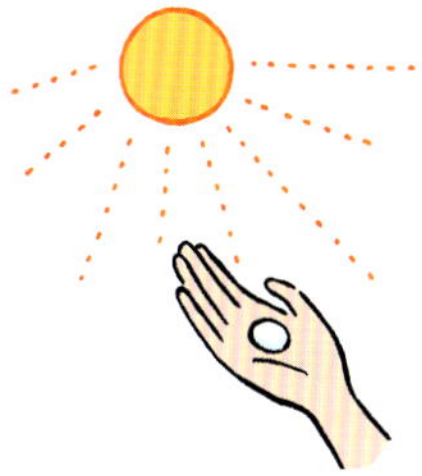

石を窓辺などに置いて太陽の光に２～３時間あてたら、布などできれいに磨きましょう。水を使う場合は、ミネラルウォーターで洗い、やわらかい布で拭きます。

お線香やウッド系の香りのけむりに5分ほどかざす

お線香のかわりにセージの葉を使うこともあります。香りはよい気をもたらす風水アイテムのひとつ。ウッド系の香りは石を生き生きとよみがえらせてくれます。

天然塩の上に置いたり、天然塩を溶かしたミネラルウォーターにつける

塩は強い浄化作用があり、石を清めてくれます。塩に埋めてもいいでしょう。１日くらい置いたら、塩を水で洗い流しやわらかい布で拭きます。

※石によって水や太陽光、塩に弱いものもあるので、
浄化法はお店で確認してください。

Lesson 8

パワーストーンをインテリアとして使う

身近に置く、触れる、見ることで石のパワーを得る

　風水では住まいの気の流れをよくすることが大切です。部屋のコーナーというのは、気が停滞しよどみやすいところ。パワーストーンというのは気を跳ね返す力があるので、コーナーに置くことで気の流れを起こすことができます。つまり、気の停滞を防ぐことで、気を部屋に循環させることができます。部屋のコーナーに置く石はやや大きめのものでかまいません。床にそのまま置いてもかまいませんし、布や台の上に置いたり、吊るしたりしてもいいでしょう。テーブルやいつも目にするところに置く石は小ぶりのものを、小さい器や布の上に置きます。

　石を磨いたり、見たり、触れたりすることは、石からより多くのパワーをもらうためのアクションだということも忘れないように。

パワーストーンの飾り方

吊るす

パワーストーンに限らず、ゆらゆら揺れるように飾るインテリアは動きがあり、それだけ強いパワーを備えているということです。ですから、パワーストーンを吊るせば、その石の持つパワーが強化されることを意味します。レースの白い袋に入れて袋ごと吊るしたり、ビーズに加工された石にテグスを通して使うといいでしょう（136ページ～参照）。

置く

置いて飾る場合は、吊るしたときのようにゆらゆらと動くことはないので、石そのものが静止、安定していることを意味します。静止といっても働きがなくなるということではなく、石のパワーがより強固になり、守ってくれるパワーが高まるといえるでしょう。また、仕事の道具などのそばに置くことで、それに働きかけ、そのものが内在するパワーを強めます。

ものに貼る

鏡やフォトスタンド、観葉植物などの風水アイテム、あるいは自分のお気に入りのものに、パワーストーンを貼る（140ページ参照）という方法もあります。力を与えてくれるパワーストーンでデコを楽しんでみてはいかがですか。貼るという行為が心に刺激を与えることで、目標に向かうパワーをもたらします。石のパワーが物に伝達しやすくなり、もの本来のパワーもアップ。

Lesson 9

万能ストーンのクリスタルで邪気を払う

クリスタルは願いを叶える風水アイテム

クリスタルは水晶のことで、望みを叶えてくれる風水アイテムです。浄化作用にとてもすぐれ、パワーを与えてくれる万能ストーンです。石自体に自浄作用があるので、浄化の必要はないといわれています。しかし、キラキラ輝くものに曇りがあってはそのパワーを十分に発揮できませんから、私は毎日クリスタルを磨くようにしています。これもクリスタルというパワーストーンから力をもらうための大切なアクションです。

どんな願いも叶えてくれて邪気にも強いクリスタルは、無色透明でコーディネイトもしやすい石です。パワーストーンをインテリアに取り入れる手始めとしておすすめです。それでは、クリスタルのベーシックなインテリア活用法を紹介しましょう。

Column

邪気を払ってくれるパワーストーン

クリスタルのように強いパワーを持ち、邪気を払う力が強い石はほかにもあります。アメジスト、ジェイド、ラピスラズリ、オニキス、ヘマタイトなど。それぞれの石には別々の効用がありますが、邪気払いの石として使ってもいいですね。

クリスタルの活用法

玄関に置く

玄関というのは家族だけでなく、さまざまな人の出入りがあり、邪気が入りこみやすい場所。よくない人や気を寄せつけないように、邪気払いの意味でクリスタルを置きます。玄関の内側に置くなら球体、外に置くなら、先の尖ったものやクラスターと呼ばれる原石がおすすめ。強い浄化作用があります。門や玄関に向かうポーチに置いてもいいでしょう。

鬼門に置く

鬼門とは、悪い気が入ってくるとされる方位のことです。鬼門（北東）に部屋があるときは、その部屋のコーナーにクリスタルを置いて邪気を跳ね返しましょう。また、鬼門に玄関や水まわりがあるのは風水的に好ましくありません。北東に位置している場合は、邪気がたまりやすくなるので、クリスタルを置いて空間を浄化しましょう。

窓辺に吊るす

太陽光が窓辺に吊るしたクリスタルを通ることでよい気だけを部屋に拡散することができます。これがクリスタルのプリズム効果。また、吊るして飾るのはゆらゆらとした動きが生じるので、石のパワーも活性化します。南の窓辺に、何本か並べて吊るすといいでしょう。ただし、プリズムによる火災には注意を。

水まわりに置く

水まわりとはトイレ、キッチン、浴室、洗面所などのことです。水まわりは湿気も多く、もともと邪気がたまりやすいところ。ガラスの小皿にクリスタルを入れて飾ったり、壁に吊るしたりしておくことで、気を浄化することになります。盛り塩、観葉植物、生花などと一緒に置いてもいいでしょう。

Lesson 10

攻撃の気から身を守る置き方

パワーストーンで欠けによる悪影響を抑える

住まいの環境を整える意味でひとつ覚えておいていただきたいことがあります。

住まいには張りや欠けがあります。簡単にいうと、家屋の出っ張りやへこみです。風水では張りや欠けは家運に大きな影響を与えるものとされています。たとえば、住まいの欠けによって、そこで暮らす人が悪影響を受けることもあります。それを軽減するためにパワーストーンを役立てることもできます。

いくつか例をあげて説明しましょう。左ページの上のイラストはひとつの部屋における欠けをあらわしたものです。また、下のイラストは張りや欠けのある家です。それぞれにパワーストーンを置く適切な場所があるのでしっかり覚えておきましょう。

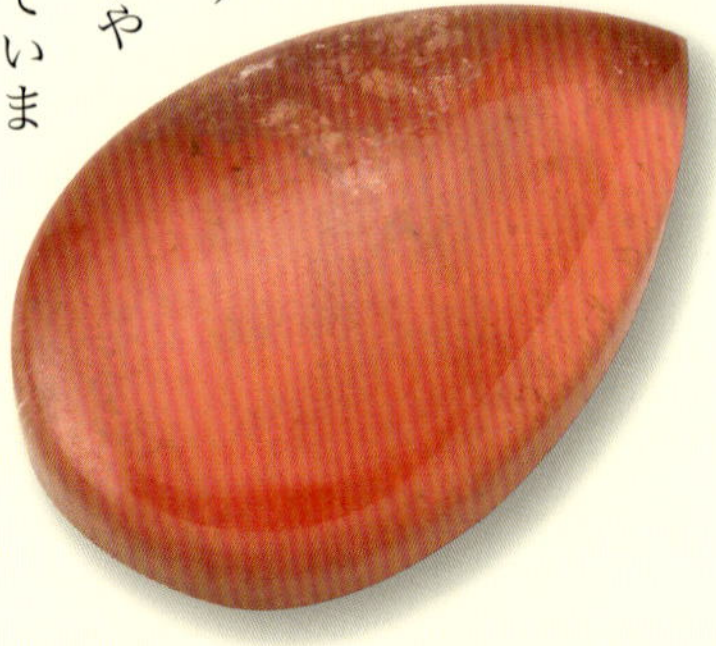

張りや欠けがあるときはここへパワーストーンを

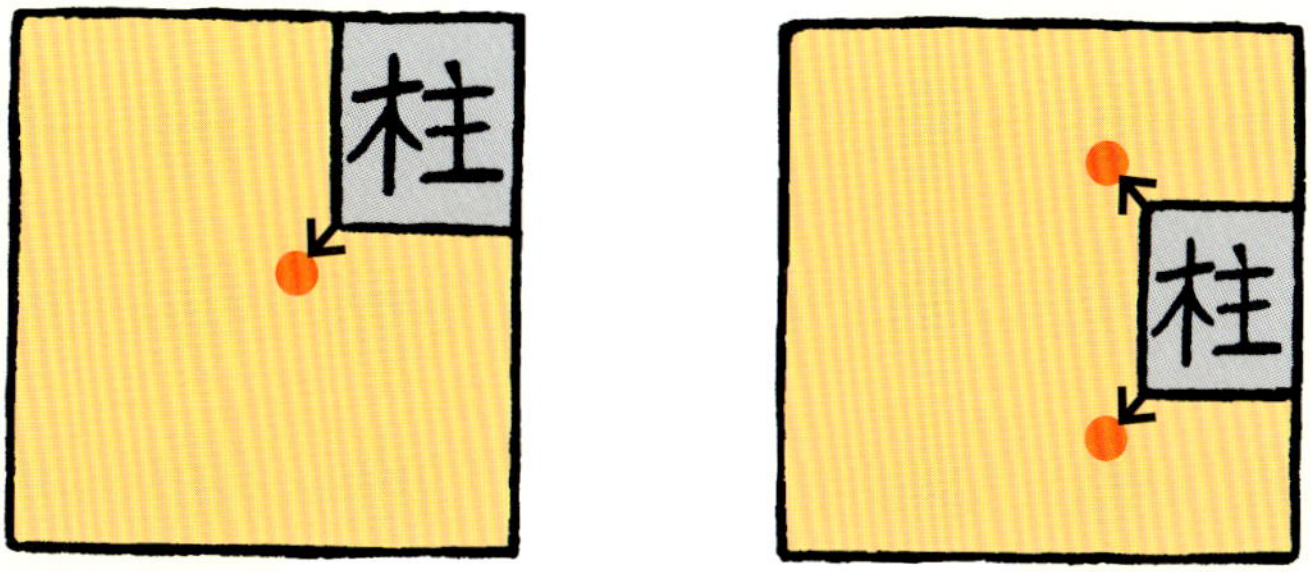

部屋に欠けがある場合

イラストの矢印のように、柱の角からは部屋に向かって殺気（悪い気）が出ています。ここに人がいると殺気の影響を受けて運気もダウン。この角にパワーストーンを置くことで殺気を跳ね返します。

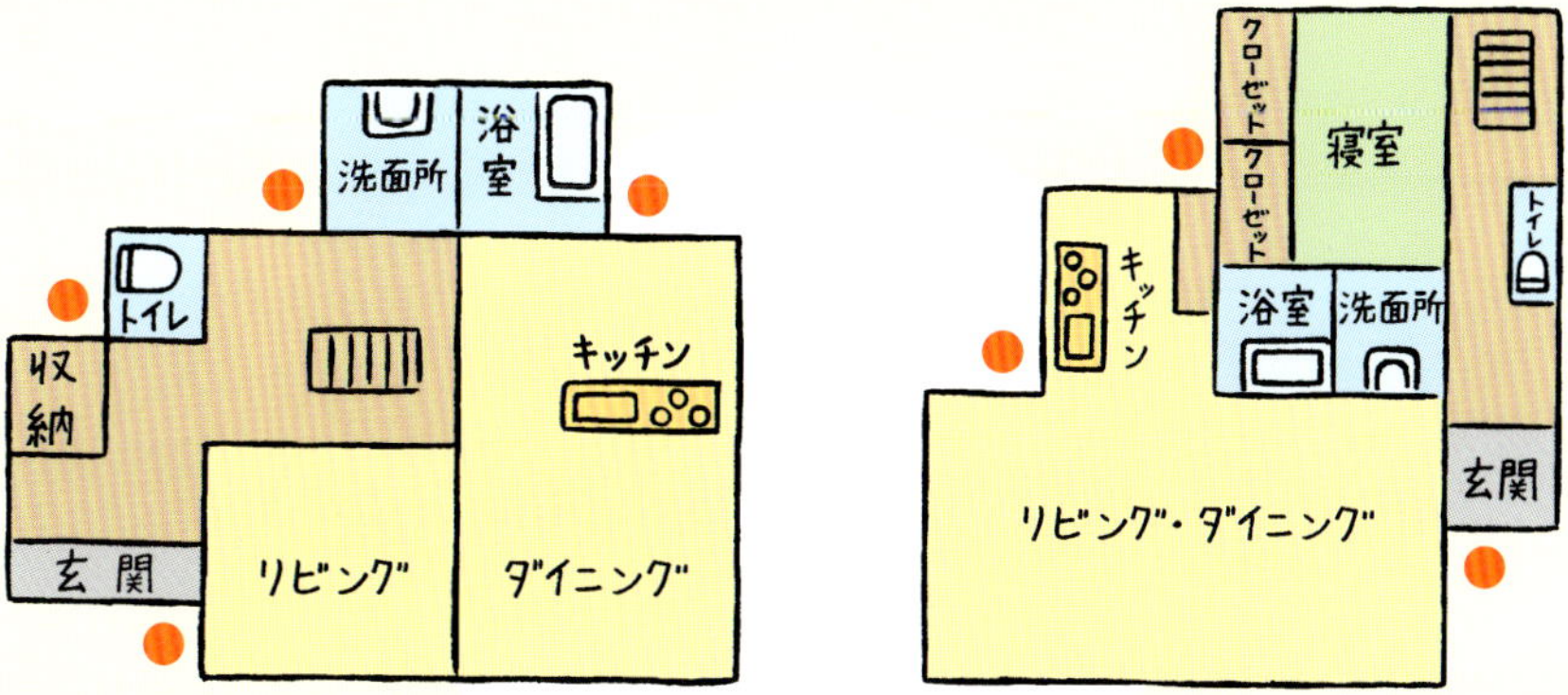

住まいの外に欠けや張りがある場合

住まいの外側の欠けの部分にパワーストーンを置くと、邪気を払い、欠けによる影響を軽減することができます。●にパワーストーンを置きます。

実践編

パワーストーン・ユミリースタイル

その日の気分で石をかえて楽しんでも

私は自宅や事務所で、パワーストーンをインテリアとして、また、エクステリアとして活用しています。

玄関の外には石でできたシーサーを置いて邪気払い。石材ならシーサー本来の力に石のパワーが加わります。また、住まいの欠けの部分にクリスタルを置いて、欠けによる凶の作用を軽減しています。もちろん、玄関、リビング、仕事部屋など、家の中ではその空間の気に合わせて石を置くようにしています。また、今日は頑張りたいから情熱や活力をあらわす赤の石、冷静に仕事に取組みたいから水色の石というように、その日の気分に合わせて石をかえてみるのもいいですね。パワーストーンを使う本来の目的は自力を高めることですから、自分の気持ちに合った石が一番直接的に心に働きかけるものです。

❶ 太陽が降り注ぐリビングの窓には、多面体カットの丸いクリスタルを吊るしています。プリズムでパワフルな空間になります。
❷ 住まいの欠け部分には、いくつものクリスタルを。
❸ クリスタルのアクセサリーを、インテリアがわりにダイニングの窓辺に吊っています。

1

3

2

玄関に置くならクリスタルやアメジストがおすすめ

玄関は家の顔です。家運を左右する場所でもあるので、邪気払いのため、金運をもたらすため、よい気のめぐりを起こすためにと、さまざまなパワーストーンを置いています。クリスタルやアメジストは、邪気払いの石として玄関に置くのに適しています。

マンションなどでは玄関スペースが狭く、石を置く場所がないケースもありますが、そのときは吊るして飾る方法を試してみてください。揺れるアイテムはその場の気の流れをよくしてくれるので、玄関はいつもよい気で満たされるはず。もちろん、いつもきれいに掃除しておくことは大前提です。私はクリスタルのついた恵方飾りを飾っています。恵方とはその年のもっともよい方位のこと。その方位から神様は見守ってくれています。部屋の中心から見てその方位にパワーストーンつきの恵方飾りを飾ることは、神様への感謝の気持ちをあらわし、自力を高めるアクションともいえるのです。

❶ 玄関の取っ手部分の飾りにクリスタルを使用。金色と組み合わせて金運アップ。
❷ クリスタルを取り入れたハート型のチャームは玄関の天井に。ハート型には、結婚した後も夫婦の恋愛が続きますようにという意味があります。
❸ 幸せの無限の広がりをあらわす、うずまき模様に石をプラス。
❹ パワーストーンがついたユミリーオリジナルの恵方飾りです。心を結ぶのにふさわしい水引きがついています。裏には願い事を書いています。

2

1

4

3

リビングや窓辺だけでなく食卓にもパワーストーンを

私の場合、パワーストーンは吊るして飾ることが多いですね。前述しましたが、吊るすと、より広い範囲にパワーがいき渡り、置くよりも強い力を受け取ることができるからです。クリスタルなどのビーズを利用して、パワーストーンのインテリアを手作りし（136ページ〜参照）天井や窓辺に吊るす、のれんのように飾る、観葉植物にかける……など、楽しんでいます。たくさん目に触れることは、パワーストーンから力を得ることになります。

また、パワーストーンは食べ物のパワーを強めます。疲れたと感じたときや食欲がないときは、その日の気分でコレだと思う色の石をランチョンマットに置くようにしています。食卓のインテリアとしてパワーストーンを使えば、食事からパワーが得られ心身に活力がみなぎります。色彩的にも華やかなので、目からの刺激が心を活性化し、夢や目標を引き寄せる行動につながるのです。

❶ 香りは風水アイテム。香水の瓶にパワーストーンの装飾をかけて香りの力をアップ。
❷ クリスタルは太陽があたる窓辺に。
❸ さまざまなパワーストーンが入ったボックス。その日の気分でチョイスして使います。
❹ リビングの花瓶に花と一緒に飾ります。
❺ パワーストーンを取り入れたのれんは手作り。
❻ パワーストーンのブレスレットなどはいつも見えるように身につけましょう。
❼ 金運をもたらすお金の木は玄関に飾りましょう。クリスタル、アメジスト、ラピスラズリなどさまざまな石が組み合わされています。
❽ 亀、魚、鳥、豚など、いろいろな動物のモチーフは自分を守ってくれる強い気を持っています。

❸

❷

❶

❺

❹

❽

❼

❻

❶ テーブルセッティングのいちアイテムにすれば、食べ物のパワーを強めてくれます。食材の色に合わせて石を選ぶなど、遊び心も大切です。
❷ ダイニングには幸せやよい情報をもたらしてくれる鳥の置物と一緒に、パワーストーンを飾っています。
❸ パワーストーンとガラスでつくられたアイテムは、のれんのように飾ります。光があたってよい気を部屋全体に拡散してくれます。

PART 2

運気別
幸せを招く
パワーストーン術

恋愛運、結婚運、家庭運、仕事運、金運、健康運、
人間関係運ごとに、各運気アップのパワーストーンの
使い方を大公開。住まいの中に、インテリアとして
パワーストーンを取り入れて、幸せ体質に！
さらに、願い事別のポイントアドバイスや、
運気別の理想の間取りとパワーストーンの配置も紹介。

恋愛運アップはローズクオーツを洗面所に

ローズクオーツ

鏡に貼る

どこに貼ってもかまいませんが、鏡を見るときに邪魔にならないように。

鏡の横に吊るす

金色や銀色などキラキラ輝くチェーンやリボンを使って。ときどき揺らすと愛のパワーが拡散！

器に入れて置く

石を置くのはガラスの器がおすすめです。器にはホコリや汚れがたまらないように。

石は鏡のそばに置いて愛と優しさパワーをアップ

恋をしたい！　いい人とめぐり合いたい！　なら待っているだけではだめ。まろやかなピンク色のローズクオーツは、愛とやさしさを象徴し、内側からあなたの輝きを引き出してくれます。オープンマインドになり、さりげなく自己アピールをできるようになります。

恋愛運と深く関係するのが洗面所やドレッサーなどの鏡まわり。メイクをしたり、アクセサリーをつけたり、鏡は自分の美しさを確認する場。ここにローズクオーツを置けば、あなたの心に愛のエネルギーをもたらします。

恋愛運を強化するパワーストーン使い

1 2つのピンクのストーンを合わせてパワーアップ

ローズクオーツのほかに、恋愛運にプラスに働くのが、ピンク色のロードクロサイトとモルガナイト。ローズクオーツと組み合わせて置いたり、3つの中から直感でコレ！と思える石を日によって使うのもいいですね。相手を受け入れる女性らしいおおらかな気持ちになれるはず。

ロードクロサイト

モルガナイト

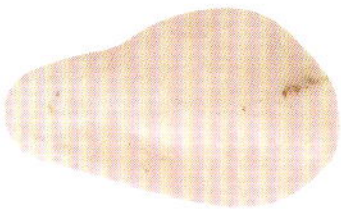

2 桃《とう》花《か》位《い》に石を置いて恋のパワーを全開に！

桃花とは風水では恋愛という意味。恋愛によいとされる方位が桃花位で、そこに石を置けば恋愛パワーも高まります。シンプルな桃花位の決め方は玄関の位置から割り出す方法。自分の桃花位をチェックして！

桃花位の方位	家の向き（玄関の向き）
南	東
西	南
北	西
東	北
南	南東
西	北東
西	南西
北	北西

3 花やハートのモチーフと石を組み合わせる

花、ハートといったモチーフも風水アイテムのひとつで、恋愛運を引き寄せるパワーがあります。花やハート型の器や花柄の布の上に石を置いてもいいですね。こうしたモチーフのそばに恋愛の石を置くことで、恋愛のパワーは活性化されます。

恋愛運

願い事が叶う ピンポイントパワーストーン術

恋愛運に効くパワーストーンを効果的に使う方法は？よい出合いを導くために邪気払いの石も活用します。

出合い 1
素敵な恋に発展するような出合いのチャンスを増やしたい！

出合いが少ないというのは、自分自身に恋を引き寄せるパワーが少ないということです。人は寝ているときも気を吸収しています。よく眠れないと恋に向かう自力を養うことはできません。ピンクの花と一緒にローズクオーツを寝室に置きましょう。ピンクの花はよい気を引き寄せてくれるハッピーモチーフです。パワーストーンは循環を意味する丸みを帯びたものやハート型がベスト。女性らしさを強調するレースの敷物の上に置くと効果的です。

花の水は毎日取りかえていつもきれいにキープ。

恋の成就 2
自分の思いが伝わり片思いを両想いに！

ピンクの紙か布の上に石をのせて桃花位に置くことは、自分の気持ちを相手に伝えるひとつの方法です。好きな人の名前を書いた白い紙を一緒に置くのがベターです。

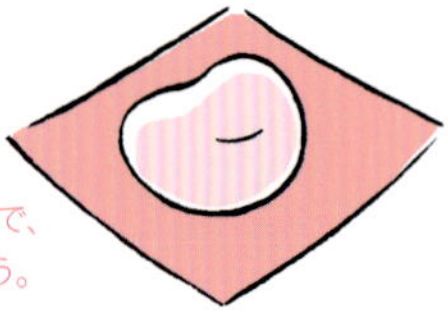

石はきれいな布で、毎日磨きましょう。

良縁 3
彼をとりこにする魅力を持ちたい！

異性を引き寄せるパワーを高めることです。化粧ポーチの中に、恋愛運の石、もしくは望みを叶えるオレンジカルサイトや愛の石ともいわれるアメジストを入れて持ち歩くといいでしょう。

恋人探し

4 自分にぴったりの彼が見つかりますように

内面の輝きをいつもパワーダウンすることなくキープすることです。そのためには、ローズクオーツのアクセサリーやストラップを身につけて。使わないときは、鏡のついたジュエリーボックスの中に入れておけば、恋のパワーをしっかりチャージしてくれます。

インテリア風にいつも見えるように飾り置きして。

告白

5 意中の人への告白がうまくいきますように

風水では小さい鳥は吉報を届けてくれる象徴です。鳥の置物や鳥の絵のそばに、ローズクオーツやロードクロサイトを置くと恋が大きく発展。コミュニケーションを司る東南に置いても。

鳥の置物には人間関係をよくする緑色を取り入れて。

魅力UP

6 合コンやパーティーで注目を集めたい！

アクセサリーをつけるのは、一時的に自分の恋のパワーを高めるひとつの方法です。人と話をするときに相手の顔を見ながら話をしますね。相手に自分を印象づけるためには、ゆらゆらゆれるピンクのイヤリングが効果的。勝負の石であるアメジストをバッグの中にしのばせておけば、ここぞというチャンスを逃しません。自分の星のラッキーストーン（141ページ～参照）を取り入れると恋の自力を底上げしてくれます。

話をするときは笑顔も忘れないように。

女度UP

7 内面から醸し出される女性らしさを高めたい！

恋にアグレッシブになる自分磨きに力を入れましょう。そのためには石を見たり、触れたりすることがとても大切です。いつも使う手鏡やコンパクトのそばに石を置き毎日接することを心がけて！　生命の源である海で育まれたコーラルも美の自力を高めてくれます。

よい気を与えてくれる鏡は、曇りのないように磨いて。

遠距離恋愛

8 遠距離恋愛だけどうまくいきますように

会う機会が限られてしまう遠距離恋愛ではコミュニケーションが大切。上手に気の交流ができるように、携帯電話の充電器のそばにピンクの石を。人間関係を司るペリドットやジェイドをプラスしても。

充電器や携帯電話は恋愛運の方位である東に置いても。

生涯の伴侶

9 生涯の伴侶と思える運命の人に出会いたい

丸い器に恋愛に効くピンクの石を奇数個置きます。異性の本質をしっかり見極める眼と、運命的な人を引き寄せパワーをアップさせましょう。丸い器は循環をあらわし、よい出合いがめぐってくるアイテムです。また、風水では奇数は強いパワーがあるとされます。

ピンクのパワーをしっかり吸収。

セックス

10 彼とのセックスを充実させたい！

ふたりの愛を確かめるセックスは神聖な行為なので、邪念を払うパールをピンクの石と一緒に寝室に置きます。また、情熱をあらわすルビーなどの赤い石を枕元に置くと愛が深まります。

セックスを司る方位の北に置くといいでしょう。

くされ縁

11 何の未来もない異性との縁を断ち切りたい！

なかなか発展しない腐れ縁の恋愛を引きずると新しい恋に進むことはできません。そんな場合は、別れの方位である南にキャンドルを置いて、強い決意や勇気をあらわすアメジストをそばに置くといいでしょう。火は強いエネルギーを持ち、不要なものを心の中から焼き払います。

キャンドルを置くホルダーやお皿はオレンジが効果的。

復縁

12 別れてしまった人とよりを戻したい！

風水では、一度失った関係は縁がなかったものなので無理に引き戻すのはよくないことと考えます。どうしても未練があるなら浄化の意味を持つクリスタルを部屋の南に置きます。本当にその人との復縁が自分のためになるのかどうか、冷静になって考えることができます。

恋の継続

13 このままのふたりの関係をできるだけ長く続けたい

今の恋愛を長続きさせたいなら、最初に出会った頃の気持ちを持続させ、相手のことを考えられる優しい気持ちでいることです。照明器具は光とともに気を部屋に拡散させてくれます。ランプの傘にローズクオーツを吊るすと、いつもやさしい気に包まれ、恋のパワーを充電させてくれます。

ピンク色や小さい花柄の傘がおすすめです。

失恋

14 失恋で負ってしまった心の傷を癒したい！

自分の気持ちを解放しマイナス思考を消し去る方位は南です。南にローズクオーツやピンクカルサイトを置いたり、吊るしたりしましょう。気持ちをリセットするパワーを養うには、透明なガラス素材の置物のそばに石を置いたり、ガラスの器にクリスタルと一緒に組み合わせて。

理想の間取りとパワーストーン

恋愛運アップをもたらすパワーストーンの組み合わせや置き場所、インテリアもアドバイス。

ワンルーム

恋愛運で大切にしたい方位は東と南東。玄関の正面が窓という場合、観葉植物で気を部屋に循環させるのもポイント。コミュニケーション力がつくアクアマリンと邪気を払うクリスタルで良縁引き寄せます。

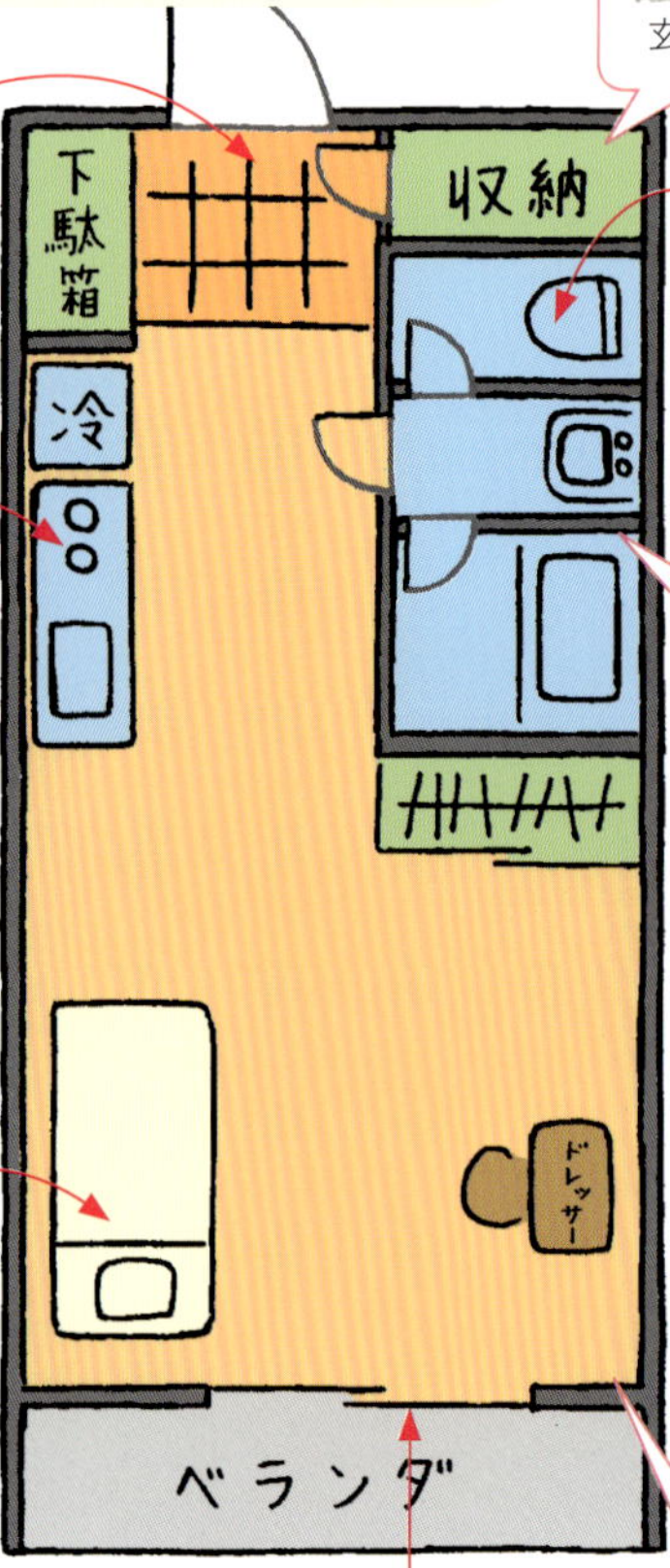

玄関には赤を

玄関スリッパやマットには赤を取り入れましょう。鳥の置物や星モチーフのアイテムもおすすめ。

キッチンに花柄を

キッチングッズやファブリック類には花柄を取り入れて。シンクとコンロの気がケンカしないように生花を飾っても。

寝具類はパステル調

寝具類はピンクやグリーンのパステル調でコーディネート。ペイズリー柄を取り入れても。

窓際は植物

カーテンは植物や花の柄にし、窓のそばに風景など自然の写真や絵を飾って。窓は磨いてピカピカに。

トイレは換気をよく

淡いブルーのトイレグッズを取り入れましょう。炭や盛り塩、観葉植物を置いて邪気を払います。

観葉植物を置いて

玄関から窓が一直線の場所にあると、よい気が逃げてしまいます。観葉植物を置いて、部屋に気をまわします。

クリスタル

玄関まわりに

ローズクオーツ

洗面所に

アクアマリン

部屋のコーナーに

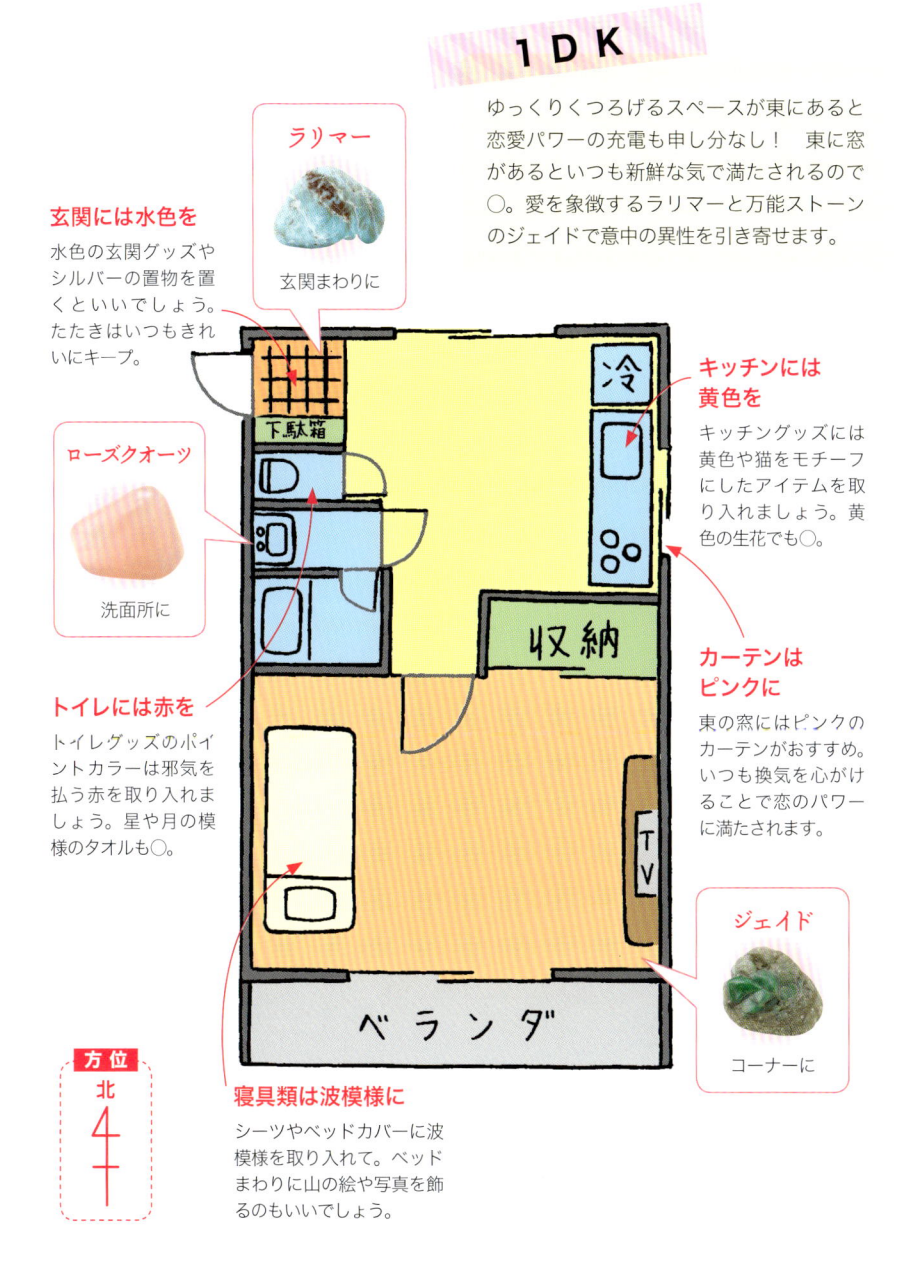

1DK

ゆっくりくつろげるスペースが東にあると恋愛パワーの充電も申し分なし！　東に窓があるといつも新鮮な気で満たされるので○。愛を象徴するラリマーと万能ストーンのジェイドで意中の異性を引き寄せます。

ラリマー

玄関まわりに

玄関には水色を

水色の玄関グッズやシルバーの置物を置くといいでしょう。たたきはいつもきれいにキープ。

ローズクオーツ

洗面所に

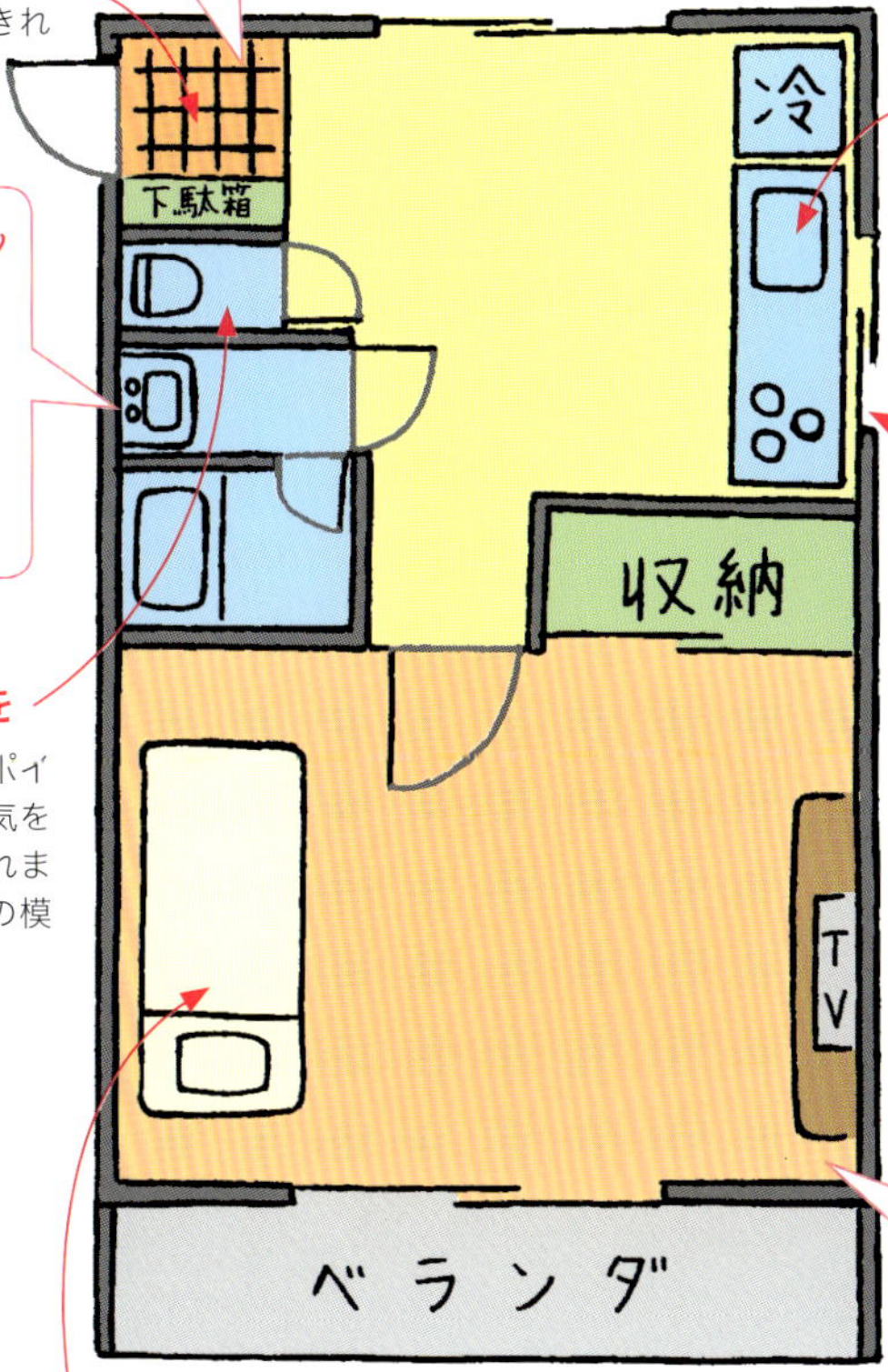

キッチンには黄色を

キッチングッズには黄色や猫をモチーフにしたアイテムを取り入れましょう。黄色の生花でも○。

カーテンはピンクに

東の窓にはピンクのカーテンがおすすめ。いつも換気を心がけることで恋のパワーに満たされます。

トイレには赤を

トイレグッズのポイントカラーは邪気を払う赤を取り入れましょう。星や月の模様のタオルも○。

ジェイド

コーナーに

寝具類は波模様に

シーツやベッドカバーに波模様を取り入れて。ベッドまわりに山の絵や写真を飾るのもいいでしょう。

1LDK

南北よりも東西が長い部屋はアクティブな恋愛関係を引き寄せる間取りです。寝室のある東にローズクオーツを置くのも◎。願いを叶えるラピスラズリと友愛を象徴するペリドットで恋愛関係をスムーズに。

玄関には グリーンを

玄関マットやスリッパはグリーンを基調にしてコーディネイト。丸い葉の観葉植物を置いて。

ペリドット

玄関まわりに

寝具は白か ピンクに

シーツや枕カバーはこまめに取りかえていつも清潔に。湿気がたまらないように注意しましょう。

ローズクオーツ

ベッドまわりに

キッチンには 魚のモチーフ

魚のモチーフのアイテムや水色のマットはキッチンの気を整えます。生ゴミはためずに処理を。

ラピスラズリ

コーナーに

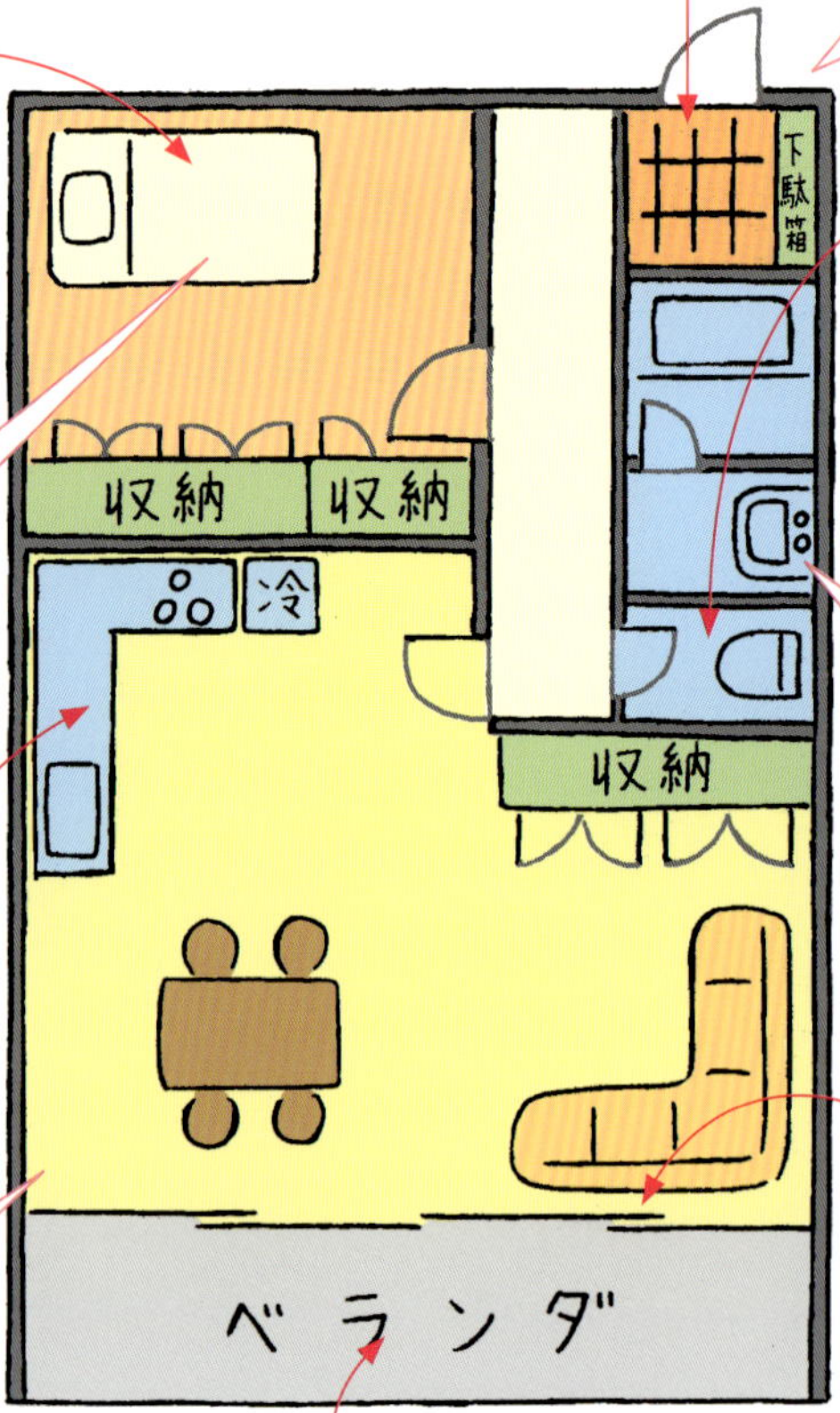

トイレグッズは 紫に

トイレグッズは紫かポイントカラーにオレンジを。観葉植物や炭は気を浄化して乱れを整えます。

ローズクオーツ

洗面所に

窓辺には 赤や金色

カーテンは白などの淡い色がおすすめ。赤や金色の刺繍が入ったタッセルを使うといいでしょう。

ベランダには花を

ベランドも部屋のひとつなので掃除はこまめに。赤や黄色の花、実のつくものを育てるがおすすめ。

恋愛運NG間取りのリカバリー法

ケース1 東に窓がない間取り

東は恋愛運を司る大切な方位。換気が悪かったり汚かったりすると、気が滞ってしまいよい恋愛パワーが生まれません。東に窓がない場合は、コップに水を入れて東に置くと気が浄化され、気の流れが生まれます。邪気を払うクリスタルを、水と一緒に吊るしておくと効果はアップ。水は毎日取りかえましょう。

ケース2 家具がモノトーンのときは

モノトーンは、安定、停滞を意味し、これから新しい恋をしたいと生活に変化を望んでいるときにはふさわしい色ではありません。恋は現状のままとまってしまいます。でも、家具をかえるのはとても大変なので、そんなときはカーテンだけでもピンクや花柄のものにしましょう。

ケース3 東の効果的な使い方を知る

東は恋愛運の方位ですが、成長や発展を司る方位でもあります。基本的には東にどの部屋がきても問題はありません。ただし、東にトイレがあるときは、華美な装飾は避け、シンプルにコーディネートするのが無難です。トイレのほか、キッチン、洗面所、浴室、収納が東にあるときは、いつもきれいに掃除しておくことです。風水ではカビは邪気とされるので常に清潔に保ちましょう。東に玄関があるならドアベルを、リビングがあるなら大きな丸い葉の観葉植物を置くと、東の気が活性化されて恋愛も発展に向かうはずです。

結婚運アップはルビーを寝室に

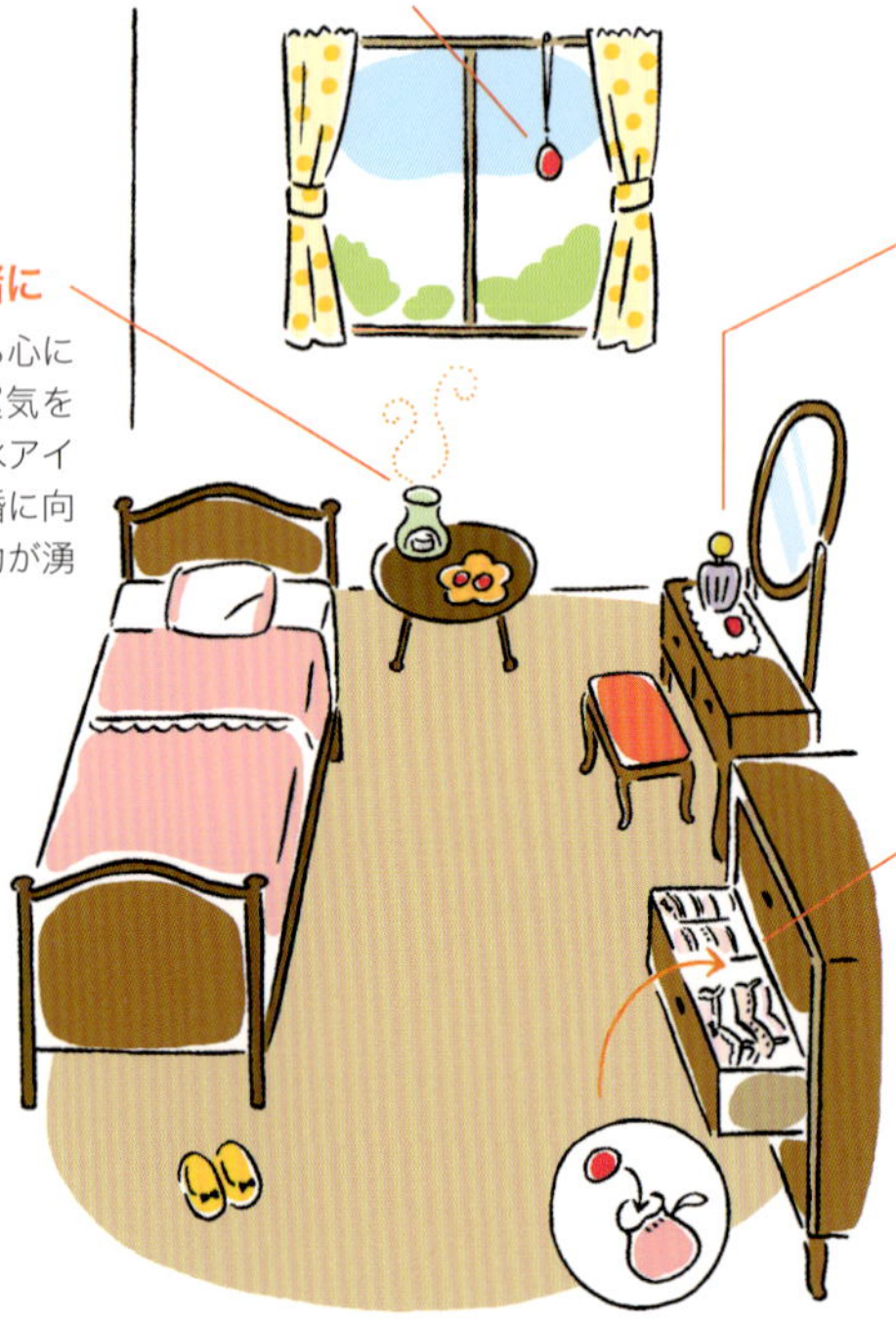
窓辺に吊るす
外から入ってくるよい気を部屋に広げてくれます。結婚に臨む勇気を与えてくれるはず。
アロマと一緒に
香りは嗅覚から心に作用し、よい運気を引き寄せる風水アイテムです。結婚に向かう強い精神力が湧いてきます。
ドレッサーに置く
メイクをするたびに見ることで結婚に対する自信がみなぎります。多少のトラブルも乗り越えていけるはずです。
小袋に入れてたんすへ
下着や衣類は着飾るアイテム。一緒に置いてそのパワーを高め、あなたのきれいに磨きをかけます。

寝室を情熱の気で満たす 勝利の石で結婚を引き寄せる

運命の人と出会って身を固めたい！　付き合っている相手とゴールインしたい！　結婚運を引き寄せてくれるのが勝利の石とも呼ばれるルビーです。深紅は情熱的で前向きな姿勢にさせてくれる色。トラブルもものともしません。

風水は寝床学ともいわれ、寝室は運気に大きな影響を与える場。特に結婚運を司る重要なスペースです。人は寝ている間も気を吸収するので、ルビーのパワーで満たされた部屋でぐっすり眠れば、寝ている間にその気をしっかり吸収。心身ともに結婚体質へとかわっていきます。

結婚運を強化するパワーストーン使い

1 ジャスパーとトパーズでアクティブに婚活！

希望と励ましを与えてくれるジャスパー（レッド）と、内面の魅力を高めるトパーズも結婚へと導いてくれるパワーストーンです。行動力が湧き、自分が目指す目的へと導いてくれます。どちらの石もポジティブな思考をもたらすパワーがあります。

ジャスパー（レッド）

トパーズ

2 女性らしさを高める天蓋ベッドに石を吊るす

お姫様気分にしてくれる天蓋ベッドは女性らしさを高めるのでおすすめ。頭の部分だけ天蓋つきでもＯＫ。結婚運をもたらす石を吊るすことは、幸せが舞い降りてくることを象徴します。

3 写真立てに石を貼ればふたりのラブ度もアップ

お互いになくてはならない存在になれば、結婚は自然とついてくるもの。ふたりの絆を深めるには、ふたりの写真を入れたフォトフレームの周囲に石を貼ってみて。石はひとつでもかまいません。永遠を意味する丸いフォトフレームがおすすめ！

結婚運

願い事が叶う ピンポイントパワーストーン術

永遠の愛で結ばれたい！という願いを叶えるパワーを持った石でゴールインへ！

出合い 1 結婚できる素敵な人とすぐにでも出合いたい！

実りの象徴である果実の柄やモチーフのものと、直感を刺激してくれるオレンジカルサイトを組み合わせてみて。運命の人をキャッチする力が養えます。

フルーツ柄のファブリックの上に石を置いて。

婚活 2 婚活のチャンスに強くなりたい！

ルビーと勝負運のつくアメジストで強い運気を呼び込みましょう。始まりや発展を意味する貝殻の皿の上にふたつの石を置けば、婚活の成果も上々に！

アメジストは強運をもたらす石でもあります。

お見合い 3 自然体のままでお見合いを成功させたい！

どんなときでも、自然体でいつもの自分でいるためには、ルビーと浄化作用のあるクリスタルを目に入るところに置いておくこと。また、緊張を上手に癒してくれるアラゴナイトも結婚運の石としておすすめ。

プロポーズ 4 心の準備は万端 プロポーズをして欲しい！

彼に結婚を決断させるためには、邪念を払ってくれるアメジストやクリスタルを彼に持ってもらうのが一番。それでもだめなら縁がなかったのかも。

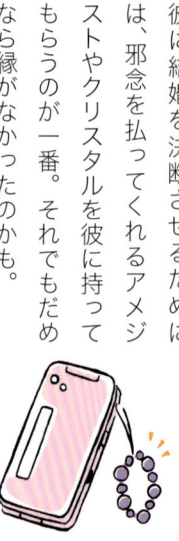

アメジストのストラップをさりげなく相手に贈って。

仲直り

5 異性とケンカしたときの上手な仲直り法とは？

幸せをもたらす象徴である鳥の置物と一緒にジャスパーを置きます。お互いにマイナスの感情がなくなるので、自然と元通りに。あなたに非があるときは、それを自然光が入る空間に置くと、素直な気持ちになって「ごめんなさい」がいえるはず。

石は尖ったものではなく、丸みのあるものをチョイス。

親の反対

6 親が結婚に大反対！克服するための風水は？

人間関係をよくするアイテムは丸い葉の観葉植物です。ネガティブな感情を払ってくれるトパーズを、鉢の中に置きましょう。親の理解を得るための行動がとれるようになります。

トパーズのかわりに浄化パワーを持つクリスタルでも。

マンネリ感

7 相手のことは今でも好きでもマンネリ感をなくしたい

ずっとそばにいてくれるという安心感に、お互いが慣れてしまったのかも。ときどき周囲の気をかえることでいい意味での刺激になり、大切な人だということに気づくはず。それにはふたりで旅行が一番。赤い袋にルビーを入れて持っていくと情熱的な関係を呼び起こします。

邪気を払う赤でふたりの間のトラブルも一掃。

理想の間取りとパワーストーン

幸せな結婚をもたらすパワーストーンの組み合わせ、置き場所、インテリアもアドバイス。

ワンルーム

結婚運で大切な方位である南東に広いスペースがあるのは◎。やさしい気持ちをもたらすブルーレースアゲートは北の玄関に。勇気をくれる赤いカーネリアンを南東のコーナーに置けば、迷いなく結婚に向かえます。

ブルーレースアゲート

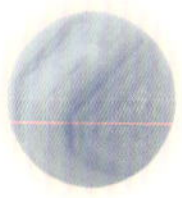

玄関まわりに

玄関にガラス製品を

ガラスのドアベルは開閉のたびに音が出て邪気払いになります。ガラスの小物入れを置いても。

トイレ＆バスグッズは星柄に

トイレや浴室には星模様のアイテムを取り入れましょう。窓がないときは換気をしっかり。

キッチンには植物を

キッチンは水と火が同居し、気が乱れやすい所。小さめの観葉植物、ハーブなどで気の流れを調和。

ルビー

ベッドまわりに

カーネリアン

コーナーに

窓には赤いカーテンを

気持ちが前向きになり、勝負強くなります。ポイントカラーとして紫を取り入れてもいいでしょう。

方位
北

1DK

南西に玄関があると、女性が公の場で脚光を浴びるようになるので、婚活のチャンスもぐんと広がります。幸運を招くといわれるトパーズとラピスラズリをプラスすれば、金運も一緒にもたらしてくれます。

星模様のカーテンを

ベランダや窓辺には赤いアイテムを取り入れましょう。カーテンは星や月の柄か、黄色がおすすめ。

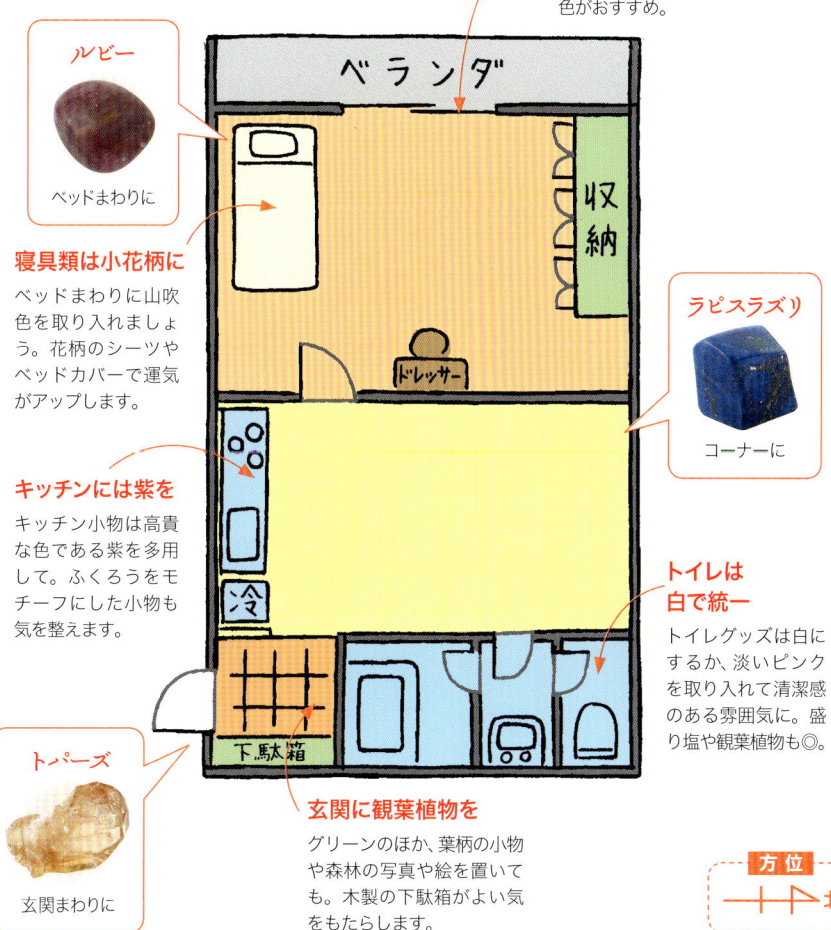

ルビー

ベッドまわりに

寝具類は小花柄に

ベッドまわりに山吹色を取り入れましょう。花柄のシーツやベッドカバーで運気がアップします。

ラピスラズリ

コーナーに

キッチンには紫を

キッチン小物は高貴な色である紫を多用して。ふくろうをモチーフにした小物も気を整えます。

トイレは白で統一

トイレグッズは白にするか、淡いピンクを取り入れて清潔感のある雰囲気に。盛り塩や観葉植物も◎。

トパーズ

玄関まわりに

玄関に観葉植物を

グリーンのほか、葉柄の小物や森林の写真や絵を置いても。木製の下駄箱がよい気をもたらします。

1LDK

女性にパワーをくれる南西の玄関にアメジストを置くと、結婚への道がスムーズになります。窓辺に面したリビングも社交運を高めます。繁栄をもたらすオレンジカルサイトと結婚運のルビーを組み合わせて。

方位 北

ルビー

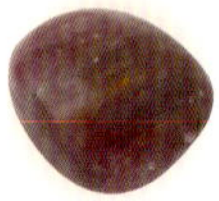

寝室に

窓ガラスは曇りなく

鬼門である北東にある窓は、邪気を寄せつけないためにも、いつもきれいに磨いておきましょう。

水色の寝具類に

北に枕を向けると心が落ち着き、相手を見極める力がつきます。寝具類は冷静さをあらわす水色に。

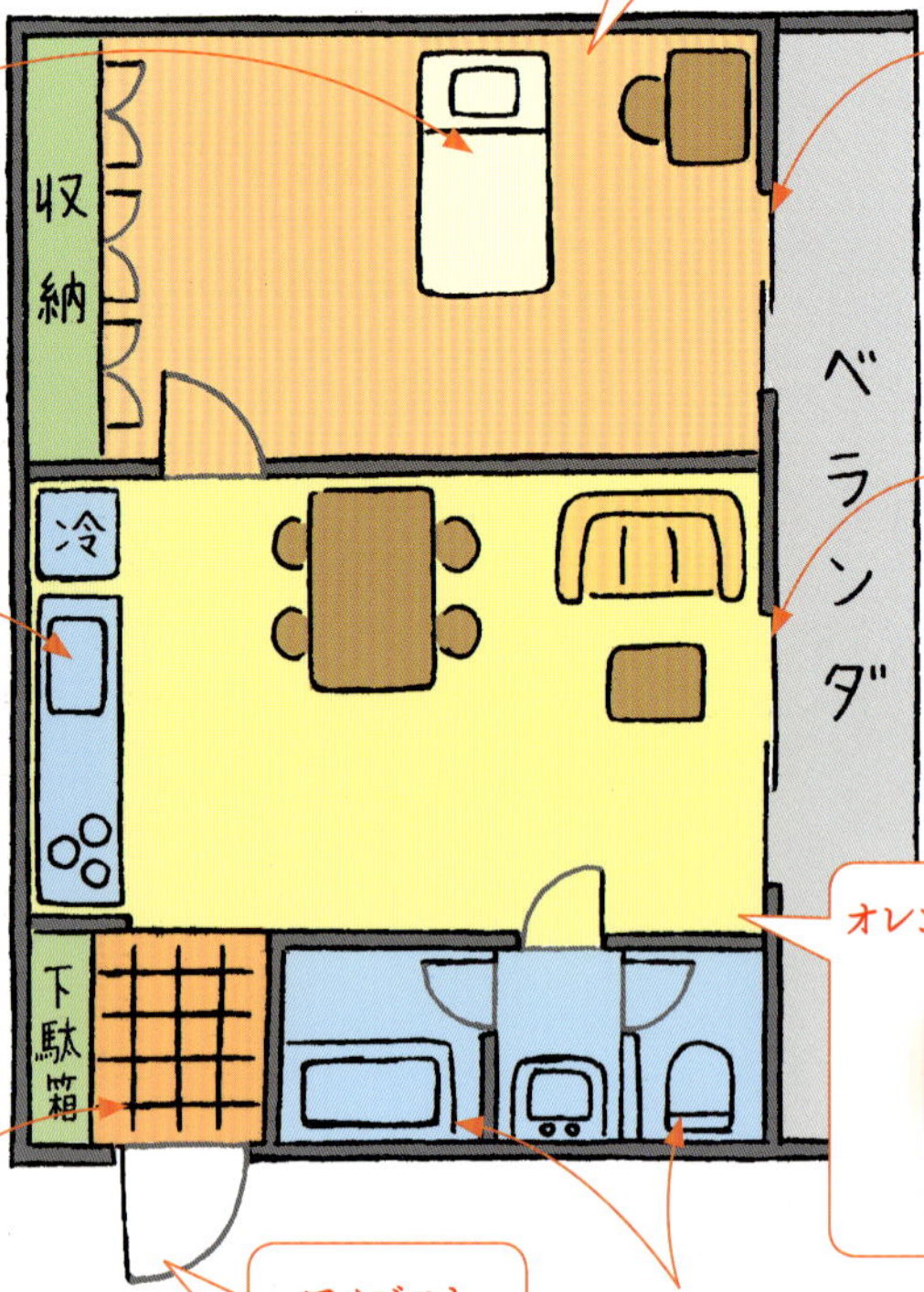

グリーンのカーテンに

新しいことが入ってくる東の窓はよい人との出会いを引き寄せます。友愛を意味する緑を使って。

西のキッチンは

金運の方位である西にキッチンがあると、食べ物に困らなず、お金持ちとの縁を引き寄せます。

オレンジカルサイト

コーナーに

玄関には季節の花を

小さく背丈の低い生花を陶器の一輪挿しに入れて飾って。玄関マットやスリッパはキャメルに。

アメジスト

玄関まわりに

水まわりに赤と黄緑

タオル類のポイントカラーは、洗面所は赤、トイレは黄緑に。盛り塩で気の流れを整えましょう。

結婚運NG間取りのリカバリー法

ケース1 南東に欠けがある

結婚の方位である南東に欠けがあると結婚運にはマイナスです。南東は信用や人間関係も司る方位なので、こじれてしまう可能性もあります。風通しをよくしたり、太陽光を取り入れましょう。いつも掃除をしてきれいにキープすることが大切。観葉植物や樹木の絵や写真を置くと、マイナスの影響を緩和できます。

ケース2 天井が平らでないとき

風水的にいうと、寝ているときに鋭い気を浴びてしまうと体調を崩したり、運気にも悪影響を及ぼします。気の流れは天井の形に大きく左右されます。たとえば、頭の上に梁があると、下に向かって鋭い気がくるのでよい睡眠が得られません。なので、梁の真下に頭だけでもこないようにベッドの配置をうまく調整しましょう。また、尖った天井も同様に、気があちこち飛びまわり、ざわついて落ち着かなくなります。この場合は、照明をシーリングライトにしてやさしい光に包まれるようにすると、気の乱れも緩和されます。

尖っているときは
照明で気を和らげて

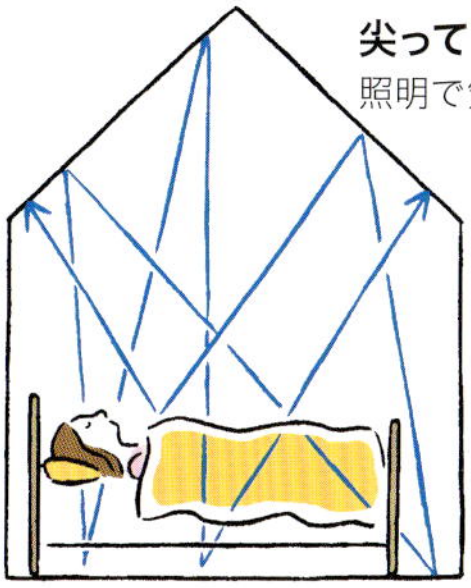

気があっちこっちに飛び回り、落ち着きません。

梁があるときは
ベッドの位置を調整

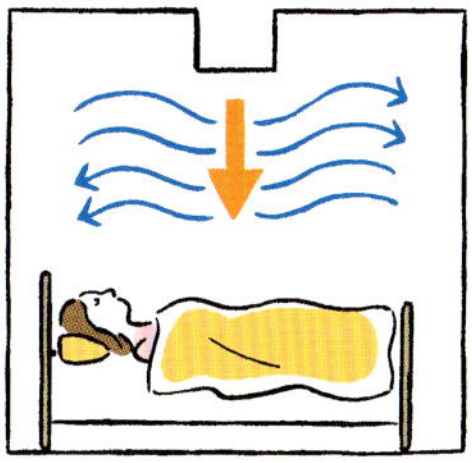

梁からの強い気が、室内の気の乱れを呼び起こします。

家庭運アップはジェイドをキッチンに

ジェイド

窓に吊るす

窓辺に吊るすことで、外から入ってくるよい気を、キッチンに広げてくれます。

コーナーに置く

白い器やガラスの皿の上に石をのせ、気が滞りやすいコーナーに置きます。

冷蔵庫の横に

冷蔵庫は食糧庫。消費期限切れの食材は悪い気をもたらします。食材を上手に使い切ってしまうことが大切です。

花瓶に吊るす

生花はキッチンの気の乱れを調整。石を花瓶に吊るしたり、そばに置くことで生花のパワーがアップ。

ジェイドは調和のシンボル 食を通してパワーを充電

会話が多く笑顔が絶えない家庭は、夫婦間、親子間で気の交流ができ、よい気で満たされています。家庭にこうした平和をもたらしてくれるのが、日本では翡翠《ひすい》と呼ばれるジェイドです。緑色は調和を意味し、冷静さや忍耐力ももたらしてくれるので、どんな困難に出合っても家族で協力して克服していけます。

キッチンは生命の源である食を司り、家庭運と深くかかわるスペース。キッチンに立つことが多い主婦によい気をもたらします。石を置くことで、食を通して家族全員にパワーを与えます。

家庭運を強化するパワーストーン使い

1 エメラルドとマラカイトで家族の絆を深める

家庭運を高めるパワーストーンとして知っておきたいのは、夫婦の愛のシンボルとされるエメラルド。これは、家族の健康も守ってくれる石です。また、マラカイトは大切な人との関係を深めます。交流をもたらす緑色も家族の絆を深めることに。

エメラルド

マラカイト

2 食卓に石を取り入れて食べ物にパワーを充電

風水は住まいの環境学。これには営みの基本である食も含まれます。テーブルセッティングにパワーストーンを取り入れることで、食品が持つパワーが高められます。食事をすることでプラスのエネルギーを取り入れることができるのです。

3 食器が持つ自然のパワーを石で活性化する

毎日使う食器は自分の気持ちを活性化してくれるアイテム。食器棚にパワーストーンを置くことで、ガラスや陶器（土）が持つ自然のパワーをアップ。食器が食べ物にパワーを与えるだけでなく、食器そのものからもよい気を受けることができます。

家庭運

願い事が叶う ピンポイントパワーストーン術

夫婦愛や親子愛、また、家庭の幸福に大きな影響を与える主婦力アップの石で、家族みんなで幸せに！

夫婦円満 1
激しいケンカもなく いつまでも夫婦仲良しで

幸せの象徴であるオシドリの置物と一緒に、家族愛と夫婦愛をもたらすマラカイトを。喜びも困難も分かち合って歩んでいくことができるでしょう。

平和をもたらす方位である東南に置きましょう。

SEX 2
ときには、ふたりの甘い夜を楽しみたい

家庭円満だけど何か物足りない……これは自分を取り巻く気に慣れてしまった証拠。たまには夫婦水入らずで夜のひとときを楽しんでみては。情熱を意味する赤い小物と夫婦愛のシンボルであるエメラルドを一緒に置きます。

子宝 3
夫婦ふたりとも子ども好き 子宝に恵まれたい！

魚のモチーフは男女の関係を司るパワーを高める効果があります。魚の絵やポストカードのそばに家庭運に関係するマラカイトを飾ります。

マラカイトのかわりにクリスタルでもOK。

ケンカ 4
ケンカやいざこざが起きませんように

家族みんなが目にするところに生花を飾り、それと一緒に邪気を払ってくれるジェイドか、やさしい気持ちをもたらしてくれるカルセドニーを置きましょう。ささいなことで腹を立てなくなり、争いごとは減るはずです。

浮気予防

5 パートナーの浮気を防ぎたい！

安定を意味する土のエネルギーが必要です。陶器の食器類のそばに邪気を払う赤い石かジェイドを置きます。また、男女関係に深くかかわる北に水まわりがあるときは、いつもきれいにしておきます。水まわりが汚いと相手の気持ちを引きとめられなくなります。

陶器には気持ちを安定へ向かわせる土のパワーが！

夫の管理

6 夫のやる気を促して上手にコントロール

気持ちを活性化させてやる気を起こすためには、先の尖ったオブジェや高層ビルの絵、もしくは写真を玄関や書斎に飾り、そばにはアクアマリンを。そして、リビングやキッチンなどに家庭運を高めるパワーストーンを置くのも忘れずに。仕事も家庭も大切にするようになります。

自立

7 親離れ、子離れをスムーズに進めたい

上手に親離れ、子離れするということは、自立した個人として人間関係を結ぶということ。そのためには強い意志と行動力が必要です。それを司る方位は南。行動力をうながす赤い小物と一緒に、心身の調和をもたらす緑の石を南に置きましょう。相手に頼ろうとする弱い気持ちも消し去ってくれます。

姑トラブル

8 会えばついケンカに義母と仲良くなりたい

主婦のお城ともいえるキッチンが悪い気に包まれているのが原因です。キッチンの東にジェイドを置き、南にクリスタルを置いて気を整えます。感情のコントロールが上手にできるようになり、相手を思いやるエネルギーが心の中に生まれます。

浄化を意味するガラスか白い器を使って。

理想の間取りとパワーストーン

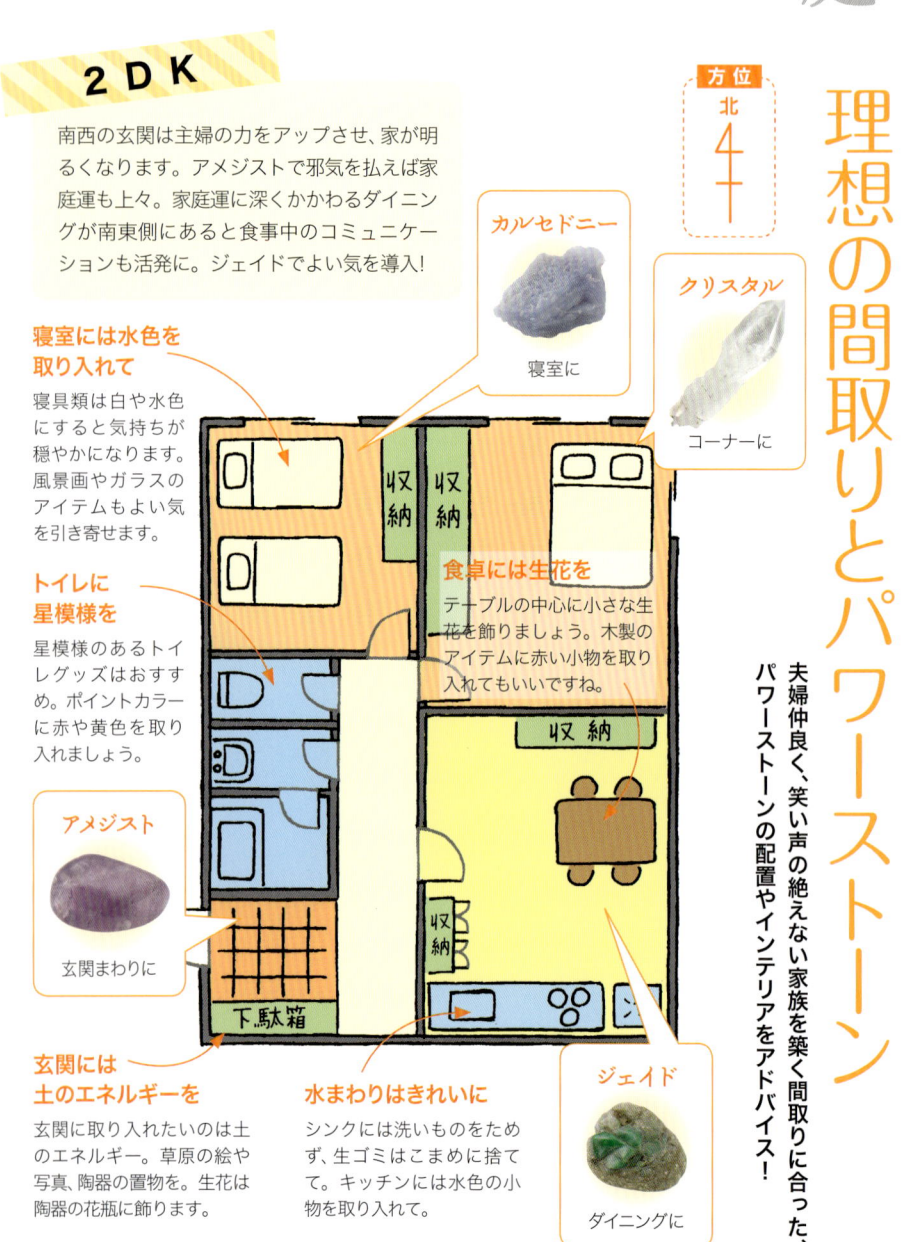

夫婦仲良く、笑い声の絶えない家族を築く間取りに合った、パワーストーンの配置やインテリアをアドバイス！

2DK

南西の玄関は主婦の力をアップさせ、家が明るくなります。アメジストで邪気を払えば家庭運も上々。家庭運に深くかかわるダイニングが南東側にあると食事中のコミュニケーションも活発に。ジェイドでよい気を導入！

方位 北

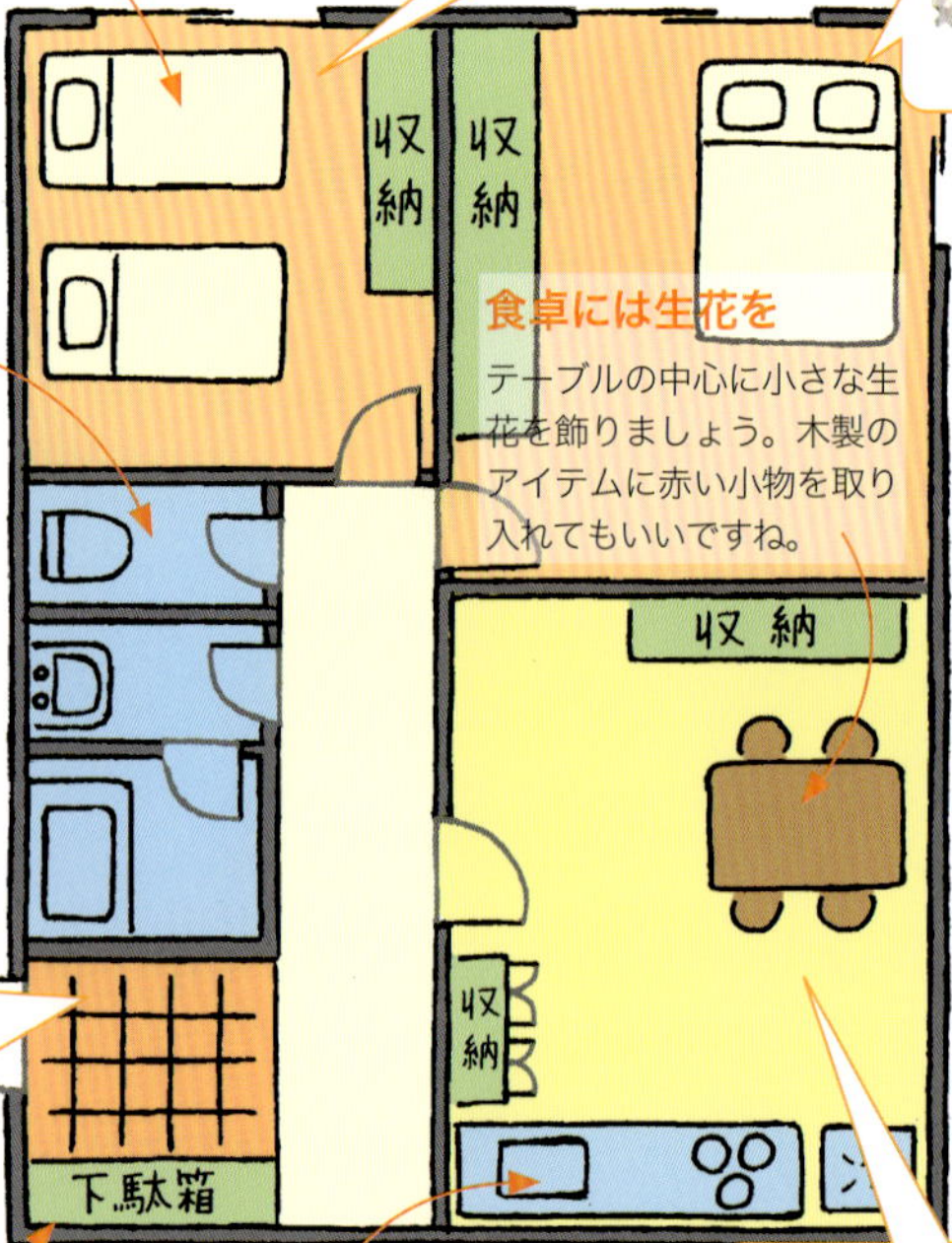

カルセドニー

寝室に

クリスタル

コーナーに

アメジスト

玄関まわりに

ジェイド

ダイニングに

寝室には水色を取り入れて

寝具類は白や水色にすると気持ちが穏やかになります。風景画やガラスのアイテムもよい気を引き寄せます。

トイレに星模様を

星模様のあるトイレグッズはおすすめ。ポイントカラーに赤や黄色を取り入れましょう。

食卓には生花を

テーブルの中心に小さな生花を飾りましょう。木製のアイテムに赤い小物を取り入れてもいいですね。

玄関には土のエネルギーを

玄関に取り入れたいのは土のエネルギー。草原の絵や写真、陶器の置物を。生花は陶器の花瓶に飾ります。

水まわりはきれいに

シンクには洗いものをためず、生ゴミはこまめに捨てて。キッチンには水色の小物を取り入れて。

2LDK

主婦の方位である南西にキッチンがあるのも、家庭運アップの秘訣。友愛の意味を持つ南東のリビングや南のダイニングで家族のコミュニケーションも活発に。ジェイドやモスアゲートも家庭に繁栄をもたらします。

方位
北

ラピスラズリ

玄関まわりに

玄関グッズは白を基調に

北の玄関は白と好相性。白い花瓶に季節の花を飾りましょう。魚をモチーフにしたアイテムを置いても。

寝室の掃除はこまめに

白を基調にし、清潔感あふれる雰囲気に。寝具類にはピンクや黄色を取り入れましょう。波模様もおすすめです。

水まわりは換気に気をつけて

水まわりには鳥や蝶をモチーフにしたアイテムを取り入れて。換気に気をつけ、白や水色を基調色に。

モスアゲート

ダイニングに

ジェイド

キッチンに

キッチンには植物を

キッチンには、一輪挿しやハーブなどの植物を取り入れましょう。山吹色のキッチン小物を多用して。

カーテンは暖色系に

カーテンには赤やオレンジを取り入れて。窓辺に海の写真やふくろうの置物を飾るといいでしょう。

3LDK

南東に窓と広いスペースがあるのは○。気の流れがよくなるので、家族の気の交換がスムーズに行われ、お互いの理解も深まります。クリスタルを気が停滞しやすいコーナーに、ジェイドをリビングに置いて気を活性化して。

エメラルド

ベッドまわりに

寝室にはアロマを

観葉植物を足元に置きます。気の流れを良くするために、アロマなど香りのアイテムを取り入れて。

トイレグッズは白に

観葉植物を置いて、マットやスリッパは必ず備えましょう。サニタリーボックスは白か水色に。

マラカイト

玄関まわりに

クリスタル

コーナーに

玄関にはドアベルを

玄関グッズには緑や赤を取り入れて、ドアベルをつけましょう。音が邪気を払ってくれます。

リビングは明るさ重視で

リビングは暖色系のものを多く取り入れて。馬の置物を飾っても。幾何学模様は気を活性化します。

キッチンには木製品を

シンク脇に小さな生花を飾って。キッチン小物は木製で、緑や葉の模様をあしらったものに。

方位
北

家庭運NG間取りのリカバリー法

家で引っ込んでいる部分を欠けといいます。欠けは家庭運にも影響を及ぼします。
欠けのコーナーに石を置いて欠け対策をしましょう。

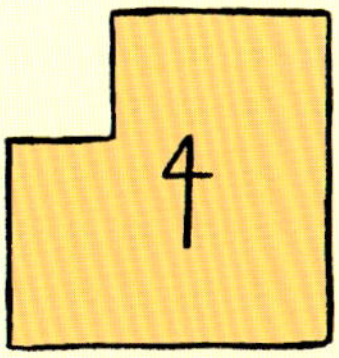

北西の欠け

北西は主人の方位。心身的なダメージなど、一家の主に悪影響を及ぼします。オニキスを置いて邪気払いを。

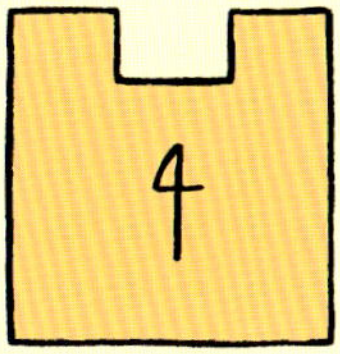

北に欠け

男女関係やセックスを司るのが北。夫婦ゲンカや浮気問題が生じるおそれも。北にクリスタルを置きます。

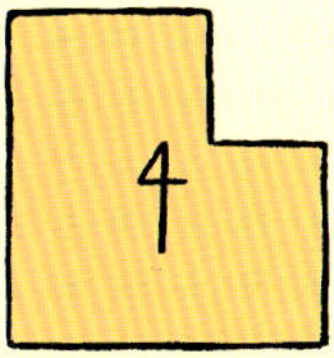

北東に欠け

継続の意味を持つ北東が欠けると、跡継ぎが育たないことにも。北東にクリスタルか赤い石を置きます。

西の欠け

金運を司る西。資産に関する問題が起こり、金銭トラブルにも見舞われやすくなります。西にクリスタルを置きます。

東の欠け

東は子どもを意味する方位。いろいろと子どもに関する問題に悩まされることに。ラピスラズリを東に置きます。

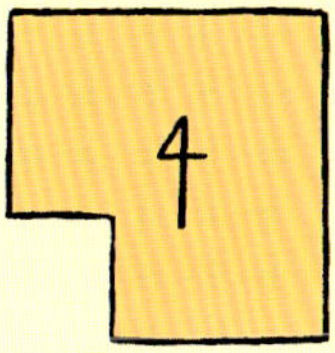

南西の欠け

妻を意味する方位が南西。妻にかかわるトラブルを招きます。献身や忍耐が不足してきます。ジェイドを南西に。

南の欠け

南は頭を意味する方位。感情の起伏が激しくなり、精神的なダメージを受けやすくなります。南にアメジストで対応。

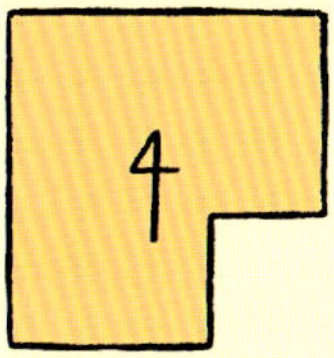

南東の欠け

南東は人間関係を司る方位。家族内でケンカが多発し、コミュニケーションにも支障が。アメジストを南東に。

新しい出発をきるための縁切りパワーストーン

強いパワーを持つ石は、魔除けの役目をしています。今でも古城などで見ることができますが、多くの城のまわりには石垣が作られています。これも外からくる悪いものを跳ね返し、敵が近づいてこないようにという、風水的な意味があります。

沖縄などでは魔除けの石碑である「石敢當《いしがんとう》」（石敢当とも書きます）という風習がみられ、「石敢當」と書かれた石材が、T字路や三叉路に置かれています。魔物は曲がるのがとても不得意。だから、道の突き当りに「石敢當」の石碑を立てればそこに魔物がぶつかり、砕け散って消える――そのようにいい伝えられているようです。

風水では、玄関などにシーサーを置いて邪気払いをすると、好ましくない人が寄り付かなくなります。

では、悪縁を断つときのパワーストーンの使い方は？

たとえば、昔の彼がなかなか

石敢當とは

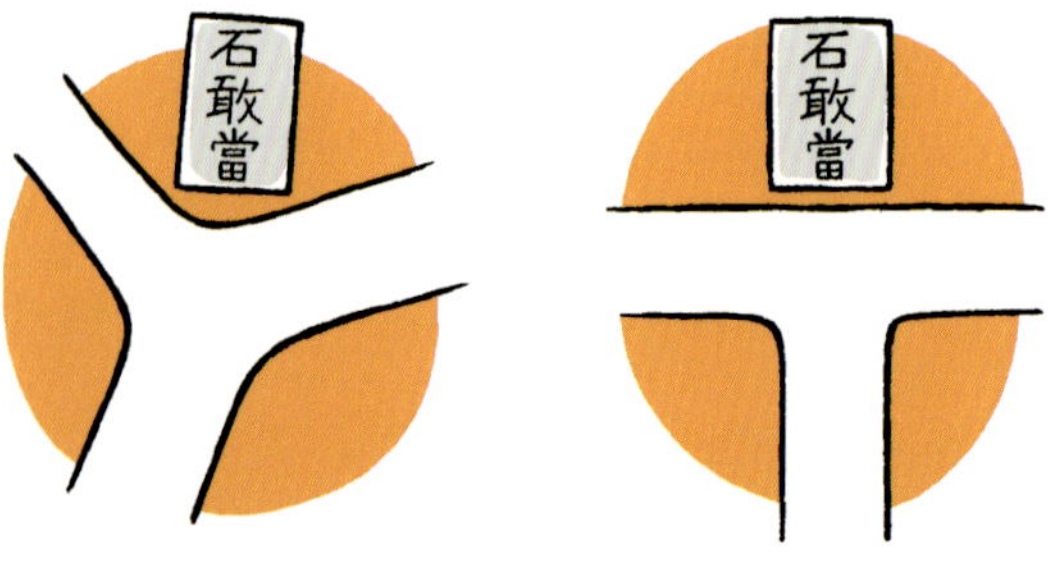

忘れられず次の恋に進めない、あるいは、腐れ縁を断ち切って新しい一歩を踏み出したいという人もいるでしょう。

自分の心にマイナスの影響を与えている人と縁を切りたいときには、パワーストーンの力を借りてみましょう。

縁を切りたいときは、クラスターのような原石を使います。浄化作用の強いクリスタルや、闘争の意味があるアメジストがいいでしょう。自分の住まいから見て、相手の住んでいる方位を割り出します。尖った部分を相手が住む方位に向け、窓辺に置きます。あるいは別れの方位でもある南に石を置きます。

仕事運アップはアクアマリンを仕事部屋に

アクアマリン

カレンダーのそばに

数字のアイテムは企画力アップに効果的。そばに吊るせば斬新なアイデアが湧いてくるようになるはず。

フォトスタンドに

フォトスタンドはリラックスアイテム。そこに貼ることで、頭をすっきりクリアにできます。

本棚に置く

書棚は自分の頭の中をあらわします。白い布か白いガラスの器に置けば、明せきな考えができます。

パソコン近くに

パソコンに向かうたびいつも目にすることで気持ちが活性化。集中力を高め、やる気を持続させます。

仕事スペースに置いて パワフルなエネルギーを吸収

仕事で自分の実力を発揮したい！ 昇進・昇給したい！ 仕事運アップに効果を発揮するのが不老不死の石とされる水色のアクアマリン。コミュニケーション能力を高め、仕事に対するパワーを高めてくれる石です。ささくれ立った気持ちを抑えてくれるので、周囲に対しても穏やかな対応ができるようになります。

仕事運アップに関係の深い場所は、書斎や仕事部屋、あるいは職場のデスクまわりです。清らかなアクアマリンを置くことで頭がクリアになり、仕事をてきぱきとこなしていけるようになります。

仕事運を強化するパワーストーン使い

1 仕事に役立つプラスのエネルギーが得られる

覚えておいてほしいのがターコイズとオパール。目標に向かって積極的になれるエネルギーを与えてくれるのがターコイズ。また、オパールは自分の隠れていた才能を目覚めさせてくれる石。凝り固まった頭をほぐし思考を柔軟にさせてくれます。

ターコイズ

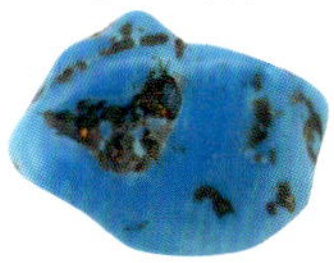

オパール

2 仕事部屋に増やしたいキーカラーの水色

理性的で冷静であることは仕事をうまく運ぶ上で欠かせない能力のひとつ。そんな意味を持つ水色をデスクまわりに増やすことで、石のパワーもアップ。パソコンのスクリーンセーバーやマウスパットなどの仕事アイテムに水色系を取り入れて。

3 電話のそばに石を置けば情報交換がスムーズに

コミュニケーション能力が高くなれば、自分を上手に表現できるようになります。電話のそばにパワーストーンを置くと、自分の言葉が相手にストレートに響き、電話での営業もスムーズに。よい情報がもたらされるようになります。

仕事運

願い事が叶う ピンポイントパワーストーン術

仕事運には、自分の才能を高めたり、チームワークのよさ、勝負運の強さも大切。こうしたパワーを高める石とは？

企画力 1 新しいアイデアで周囲を驚かせたい

数字は感性を研ぎ澄ましてくれる風水アイテム。デスク上の卓上カレンダーのそばに、クリエイティブで前向きな力を与えてくれるラリマーを置きます。

デスク以外に置くときは、部屋の北西に置いて。

凡ミス 2 つまらないミスを減らしたい

ミスをなくすには集中力が大切です。気持ちがざわついていると、どうしても最後のツメが甘くなりがちです。気持ちの混乱をなくしてくれるソーダライトを使いましょう。冷静な思考力や判断力も同時に養えます。

段取り 3 優先順位を明確にして効率的に仕事を進めたい

効率的に仕事を進めるために必要なのが段取り力。仕事をする手順しだいで労力も時間の無駄も減ります。仕事運を引き寄せてくれる石をデスクの上に置きます。仕事にとりかかる前に見て頭の中をクリアにしてから作業を開始して。

まとめ役 4 リーダーとして周囲の意見を上手にまとめたい

意見をまとめるために大切なのが、コミュニケーションと決断力。丸い家具はコミュニケーションを円滑に運んでくれるパワーをもたらします。それに、知性と冷静な判断力をもたらすサファイアを組み合わせるといいでしょう。

丸テーブルの中心にパワーストーンを置くと効果的。

勝負 5 今進んでいるプレゼンに勝ちたい！

三角形のアイテムは、自分やチーム全体に強いパワーをもたらします。三角形のペン立てやペーパーウエイト、ピラミッド型の置物をデスクに置き、勝負運を強くするアメジストをそばにそえましょう。リーダーなら冷静な決断ができるようになり競争では有利！

プレゼン当日にはアメジストをバッグにしのばせて。

リーダー 6 みんなをまとめて周囲からの人望を得たい

リーダーとして人をまとめていくためには、信念を守ることがとても大切です。邪念のない清らかな気持ちでいられるアクアマリンや、信念を堅持できるソーダライトを部屋の北西に置くか、いつも持ち歩くようにしましょう。周囲とのすれ違いもなくなり、人間関係もスムーズに。

上司 7 好き嫌いにかかわらず上司とうまくやりたい

なにかとあなたの仕事の邪魔をする上司なら、邪気を払ってくれるサボテンのそばにラピスラズリ、もしくはジェイドを置きます。相性の合う上司なら、調和を意味するペリドットか、アベンチュリンを南東に置きましょう。上司との理解はさらに深まります。

サボテンは別れの方位である南に。

昇格 8 道のりは険しくても会社で出世したい

いつも目に入るところに置きたいのは、困難に打ち勝って目標を達成するエネルギーを持つターコイズです。ネガティブなエネルギーを払ってくれるこの石を南に置きましょう。また、アクアマリンは冷静に自己を見つめる力を与えてくれるはずです。

紫の布は直観力を高めてくれます。

面接 9

就職試験の面接で上手に自己アピールしたい

邪気を払ってくれる白いハンカチの上に、仕事運のつくアクアマリンをセットし人間関係を司る東南に置きましょう。石はいつもきれいに磨くことが肝心です。面接当日はハンカチで包んで持って行きましょう。穏やかな気持ちで面接に臨むことができるはずです。

ハンカチにはホコリなどがたまらないように。

資格取得 10

キャリアアップに必要な資格の試験に合格したい！

目的達成には強い意志と行動力が必要です。どんな困難にも負けない底力＝生命力の大きさ。生きる力のシンボルの馬とターコイズの組み合わせで、資格取得へ向かうパワーをキープ！

馬の置物のかわりに、馬の絵や写真でもOK。

就職活動 11

さわやかで有能な印象を面接官に与えたい

就職活動では第一印象がとても大切です。ピンクの生花はやさしい雰囲気をもたらし好感度もアップ。さらに、花瓶にソーダライトをかけたり、近くに置くことで知的なエネルギーをプラス。不安もなくなり、自分の本当の実力を発揮できるようにサポートしてくれます。

仕事運を司る北西に置きましょう。

事業
12 思い切って起業。事業を成功させたい

事業を軌道にのせるには冷静な判断力や行動力が求められます。起業したばかりというときはすべてが新しいことの連続。臆せず取り組んでいく勇気も必要です。それをもたらしてくれるのがまさにターコイズ。また、何かを決断するときは、勝負に強くなるアメジストがサポートしてくれます。

キャリア
13 夫が順調に昇進していけますように

夫がやる気をもって職場に向かうためには、家がリラックスできる場所でなくてはなりません。家を癒し空間に整えるのが水に関係するアイテム。そのそばにアクアマリンを置くことで、心身のバランスがとれて会社に向かうときはやる気モードに。

魚の置物と石は北に置きましょう。

転職
14 キャリアアップのための転職希望の会社に入れますように

知識と貫禄を身につける効果を持つサファイアを身近に置くと、堂々とした態度で人と接することができます。書斎やパソコンのそばに置いていつも目に入るようにしておきましょう。トラブルを回避してくれるターコイズを窓辺に置くと、転職のための障害を減らしてくれることにつながります。

異動
15 キャリアアップのために希望の部署にいきたい

変化をもたらすアクアマリンやオパールをデスクの上に置くといいでしょう。また、異動したい部署が今の部署からみてどの方位にあるのか割り出し、自分の部屋のその方角に、仕事運アップをもたらすアクアマリンを入れた水を置いてもOK。

水はミネラルウォーターを。毎日取りかえて濁らないように。

理想の間取りとパワーストーン

金運にもつながる仕事運を高める間取り。インテリアやパワーストーンを上手に配置しましょう。

方位
北

ワンルーム

仕事運を司る方位のひとつが北西。ここに玄関があるとチャンスがたくさん舞い込んできます。ラリマーを置いて運気の底上げに。南の窓もやる気をもたらします。仕事運にかかわるデスクまわりにアクアマリンを。

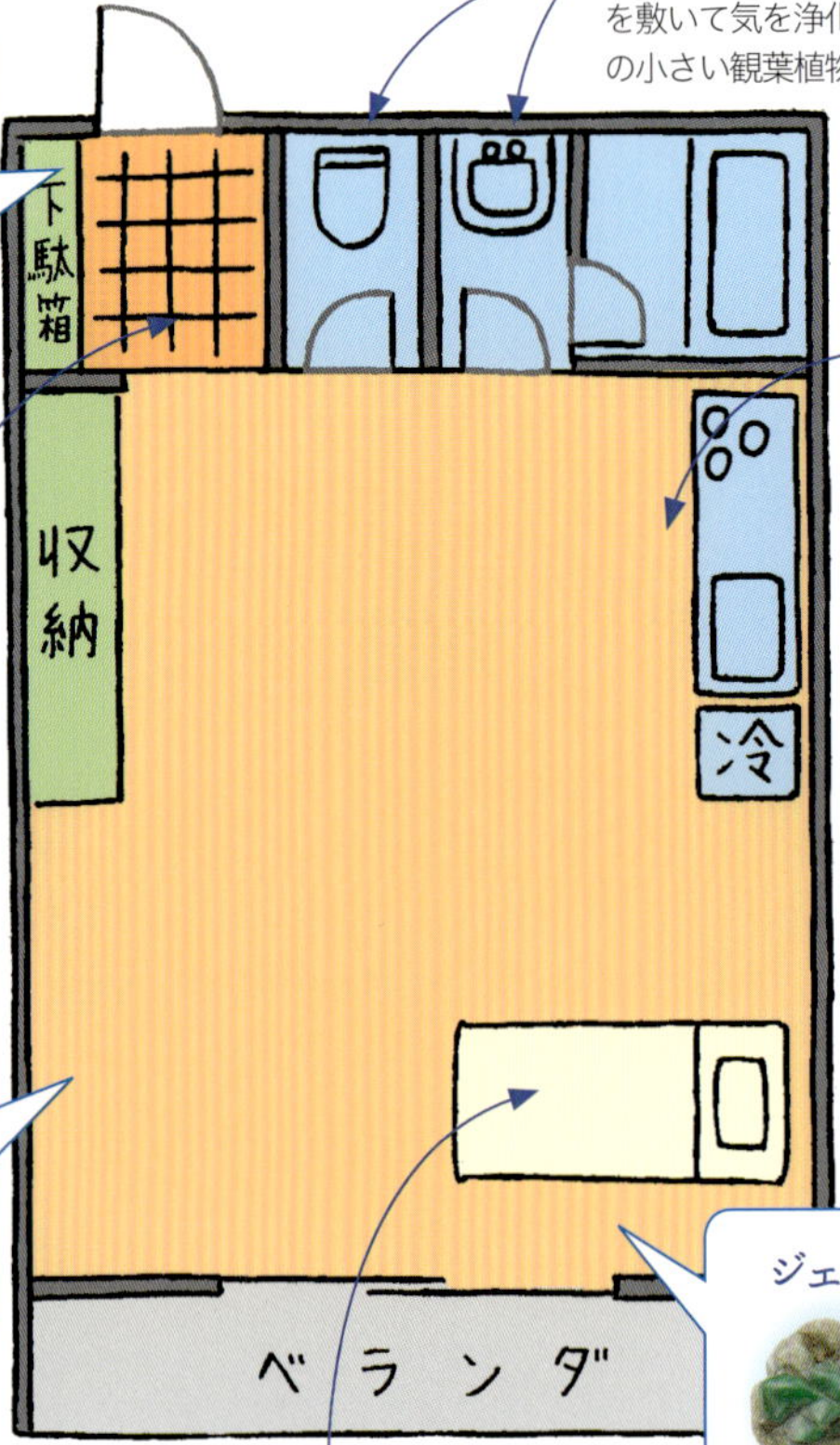

水まわりには観葉植物を

洗面所やトイレには白いマットを敷いて気を浄化。白い陶器の鉢の小さい観葉植物を配置して。

ラリマー

玄関まわりに

キッチンは明るく

明るさを重視し、小物は清潔感のある白を多用。ついたてや大きな観葉植物で寝室との境界線をつくって。

玄関は品よく

大理石やシルバー製の置物を飾って品のある雰囲気づくりを。玄関グッズは質のよいものを揃えましょう。

アクアマリン

デスクまわりに

ジェイド

ベッドまわりに

寝具類はエコ風に

ベッドまわりはグリーン系で統一してみましょう。草木、森、花などをモチーフとしたアイテムを置いて。

1LDK

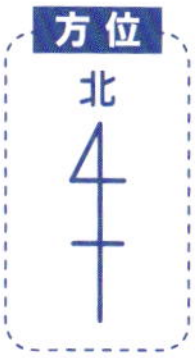

一家の主の部屋がある方位の北西に玄関があるのは○。ターコイズでさらに仕事運アップ。北に寝室があると気が落ち着くので、仕事で疲れた心身を癒すのに効果的。デスクを置くなら寝室の北西、もしくは住まいの南側に。

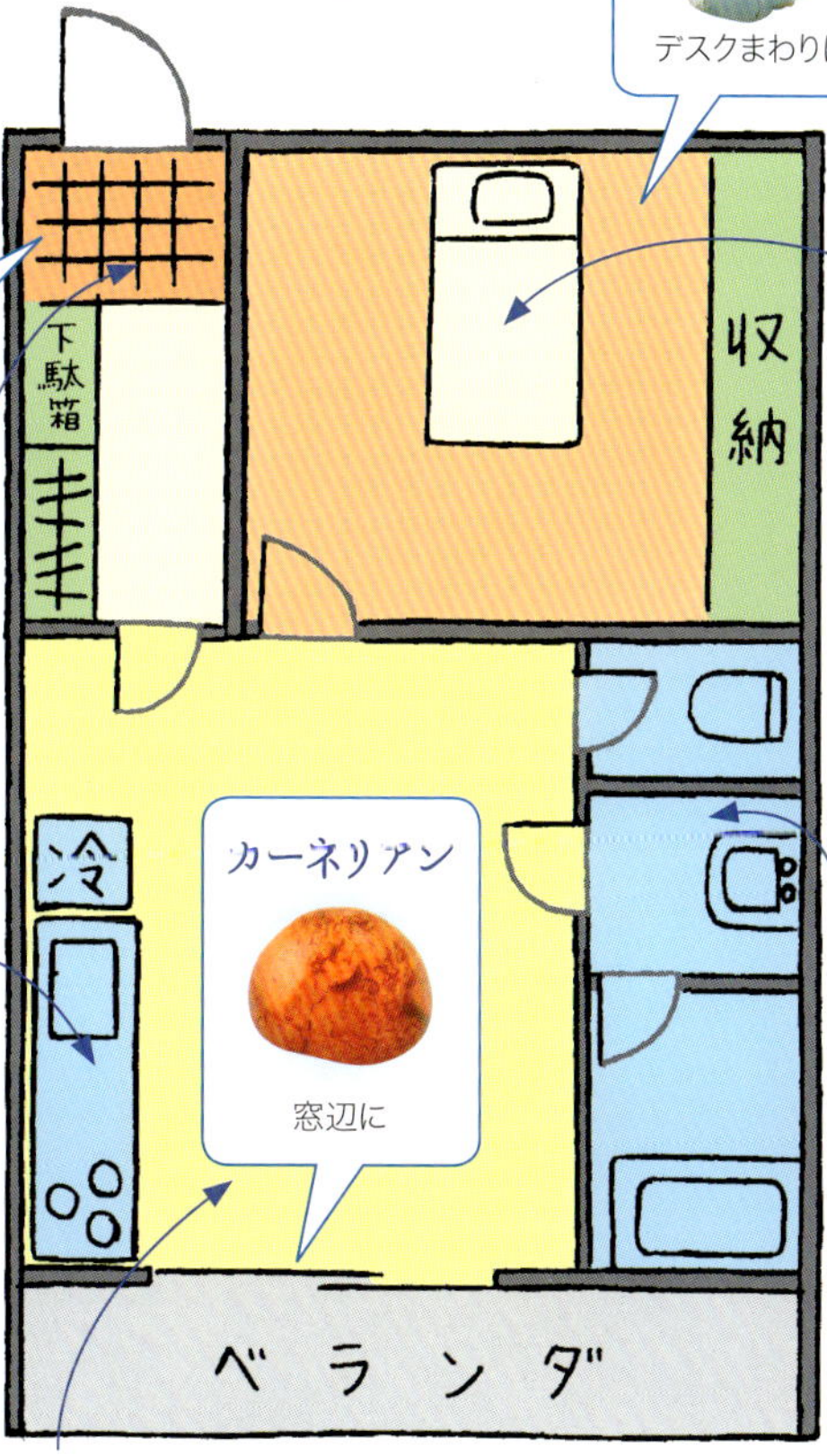

寝具類は水玉模様に

寝具類は水玉などの丸い模様にし、こまめに洗濯します。フォトスタンドを置くならガラス製に。

玄関はすっきりと

靴は必ず下駄箱に。鏡を飾るならシルバー製の枠のものを。星模様や水色のスリッパがおすすめ。

タオルは無地か緑に

タオル類は無地か緑に、洗面所の小物入れは貝製品にすると気が落ち着きます。浴室には観葉植物を。

キッチンは草原風に

蝶のマグネット、ふきんやランチョンマットは花柄や黄色系に。調味料入れなどは陶器製にしましょう。

ダイニングには果物柄を

インテリアには、実りをもたらす果物柄を取り入れて。窓辺には紫の小物や丸いサボテンを飾って。

2DK

交流を司る南東に玄関があると、チャンスがたくさんもたらされます。玄関にアベンチュリンを置いてトラブルを防止。北西の寝室は一家の主の寝室にすると○。北東の部屋にデスクを置くなら窓を背にして配置。

アクアマリン

デスクまわりに

白やパステルカラーに

仕事部屋にはあまり物は置かず、インテリは汚れがわかりやすい淡い色に。換気はこまめに行います。

ブルーレースアゲート

ベッドまわりに

寝室はやわらかい照明に

シーリングライトにすると気が落ち着きます。モビールや星のモチーフのインテリアを取り入れて。

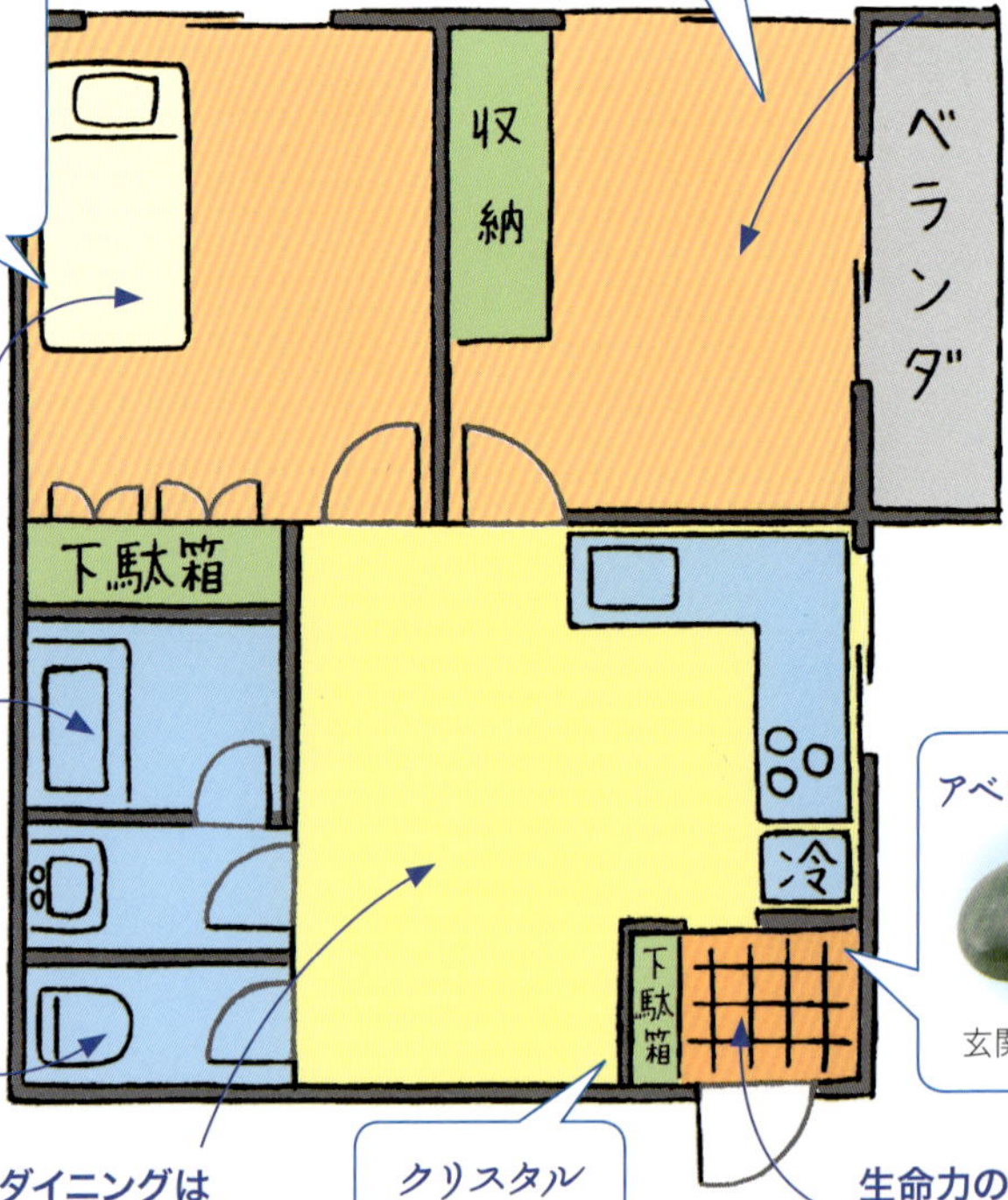

マット類は花柄に

シャンプーなどのボトル類は正面に向けてきれいに並べ、イオン発生器や盛り塩でトイレを浄化。

アベンチュリン

玄関まわりに

ダイニングは丸い家具に

テーブルは丸いデザインで木製のものがおすすめ。コーナーには石と一緒に観葉植物を置きましょう。

クリスタル

コーナーに

生命力のある玄関に

季節の花や大きめの観葉植物を置くと新しい仕事が舞い込みます。小物類は木製がいいでしょう。

方位
北

2LDK

社交の方位である西の玄関は、多くの人との出合い、チャンスをもたらし仕事運にもプラス。デスクは交流を意味する南東に配置。南に浴室があると、気持ちが明るくなります。北西の寝室には厄を払うオパールを。

陶器や白を多用して

ダイニングテーブルに生花を欠かさないように。花瓶は陶器にし、白いレースの上に置きましょう。

オパール

ベッドまわりに

ルチルクオーツ

玄関まわりに

リビングにはグリーンを

クッションカバーなどのファブリック類はペイズリー柄に。窓辺に背丈のある観葉植物を置いて。

アクアマリン

デスクまわりに

玄関グッズは黄色や赤に

マットやスリッパ、装飾品には黄色や赤を取り入れて。鏡をつけるときは玄関を入って左側に。

浴室はカビ対策を

カビに要注意。バスグッズには赤や紫を取り入れて。アロマキャンドルでゆったりバスタイムを。

ベランダを上手に活用

ベランダの掃除も忘れずに。赤い実のなる植物は実りをもたらし、尖ったサボテンは邪気払いに。

3LDK

方位
北

始まりを意味する東に広いスペースがあると、新しいことが舞い込みます。希望をかなえるトパーズは西の玄関に。調和をもたらす南東の寝室で心身のバランスもばっちり。南西の部屋のデスクは背を窓に向けて配置。

キッチンで水をイメージ

キッチン小物には水玉模様を取り入れましょう。ゴミ箱は蓋つきのものにし、白や水色で。

すっきり片づけて

掃除はこまめに窓ガラスは曇りのないようにキープ。リビングには高級感のあるシルバー製の時計を。

クリスタル

窓辺に

**玄関には
ガラス製品を**

玄関グッズには、邪気払いにもなる赤を取り入れて。ガラス製の鳥の置物がチャンスを運んできます。

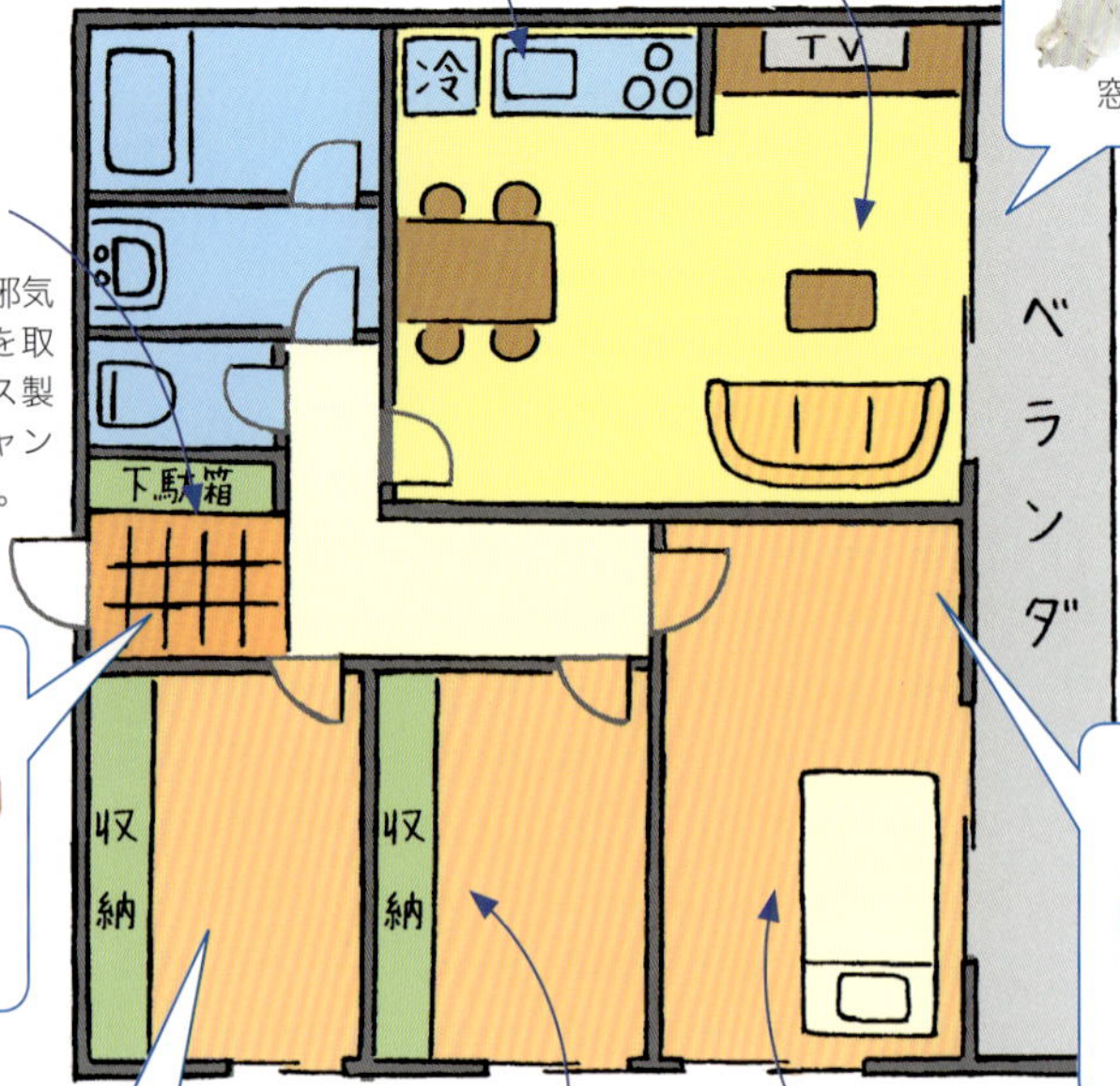

トパーズ

玄関まわりに

ジェイド

コーナーに

アクアマリン

デスクまわりに

**カレンダーを
忘れずに**

書斎として使うときはインテリアに陶器や水色を取り入れて。壁には大きな数字のカレンダーをかけて。

**寝室は
ウッド系の香りに**

ウッド系の香りで安眠。寝具類はグリーン系で統一し、窓は曇りのないように磨きましょう。

仕事運NG間取りのリカバリー法

仕事部屋や書斎のある方位、あるいは仕事机を配置している方位を、
インテリアで活性化させればさらに仕事運がアップ！

北西

ポイントカラーとしておすすめなのは水色、白、銀色、青。シルバーの置物や、デザイン性の高いモビールを吊るします。

北

部屋のポイントカラーに水色、白、黒、紺、赤を取り入れて。ガラスの花瓶や白い陶器の置物を飾りましょう。

北東

色はピンク、黄色、キャメル、金色、白をプラス。山の写真や絵を飾ったり、陶器でできた和風の小物を置きましょう。

西

赤、黄色、白、金色を取り入れましょう。鳥や星をモチーフにしたインテリア雑貨を置きます。猫足の家具もおすすめです。

中央

ポイントカラーは金色、黄色、キャメル、クリーム色に。丸い大きなプレートを飾ったり、陶器の置物を取り入れましょう。

東

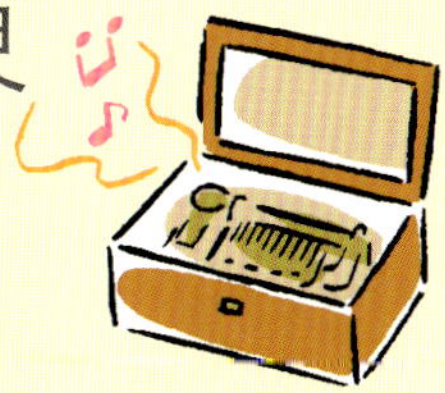

深緑、赤、ワインレッド、茶色をポイントカラーとして取り入れて。オルゴールやオーディオなど音の出るアイテムを置きます。

南西

ポイントカラーにしたいのは山吹色、黒、キャメル、クリーム色。クッションカバーなどに小さい花柄のファブリックを。

南

紫、赤、オレンジ、ベージュをポイントカラーに。海の絵やキャンドルを飾ります。太陽をモチーフにしたオブジェでも。

南東

ポイントカラーとして取り入れたいのは、ペパーミントグリーン、青、黄緑、銀色。丸い葉の観葉植物を飾ります。

金運アップはシトリンを玄関に

シトリン

ドアに吊るす

吊るすというのは、天から金運が降り注ぐ飾り方。ドアから入るよい気だけを部屋に入れてくれます。

鏡に貼る

玄関を入って左手にあるのが金運鏡。そこに石を貼れば金運パワーも倍増。ちなみに右手が発展鏡。

下駄箱の上に

玄関は知らない人も訪れる場所。邪気を跳ね返す役目があり、よい人を招き、悪い人を遠ざけます。

シーサーの代わりに

玄関の両脇に置くことで、シーサーと同じ役目を果たします。入り口から入る邪気を跳ね返します。

お金を大きく育て心の豊かさももたらす

金運は単にお金を手にするということではなく、心の満足感や富裕感をもたらしてくれるものです。金運をもたらすのは、富を運んでくれる石といわれる黄色味を帯びたシトリン。黄色は豊かさをあらわす色です。商売繁盛ももたらしてくれるので、仕事運にも関係しています。

金運は気の入り口である玄関からもたらされます。お金は循環させないと大きく育ちませんから、その循環も司ってくれます。汚い玄関では金運はやってきませんから、玄関のたたきは毎日拭いてよい気で満たしておくことも大切。

金運を強化するパワーストーン使い

1 黄金色は〝豊かな実り〟お金も守ってくれます

金運だけでなく仕事運も同時に高めるのが黄金色のタイガーアイです。邪気を跳ね返すエネルギーも強いので、お金がらみのトラブルも防いでくれます。金色の線が入ったルチルクオーツは、金運を呼び込むだけでなく不要な出費を防いでくれます。

タイガーアイ

ルチルクオーツ

2 玄関のアメジストで邪気払いパワーを強化

玄関からはよい気も悪い気も入ってきます。玄関にアメジストを置くことで、邪気を跳ね返すパワーが高まります。丸く磨かれた小さな石よりも、大きいクラスターのほうが浄化作用が高く、ネガティブなエネルギーを強力にシャットアウト。

3 玄関の外に置いて家を守る門番役に

石は跳ね返しの力がとても強いので、悪い人を寄せ付けない効果も。玄関が死角になって空き巣などに狙われやすいという人の中には、泥棒除けとして使う人もいます。クリスタルやアメジストなどがおすすめ。尖った部分を外に向けて置きます。

願い事が叶う ピンポイントパワーストーン術

心を豊かにすれば、金運は自然とついてくるもの。気の循環を促進するパワーストーンがとても有効です。

貯金 1 上手に貯金ができるようになりたい

玄関を入って左に鏡を置きシトリンを貼ったり、吊るしたりします。困難を乗り切るパワーもあるので、貯金を継続する強い意志をもたらします。

鏡のそばに金運を高めるほかの石を吊るしても。

給料UP 1 不況で厳しいけれど給料が上がりますように

小銭入れにタイガーアイを入れて、お財布の中の環境を整えることで金運もアップ。仕事運にも関係するこの石は、昇給を導いてくれます。

お札と小銭入れは別々にするのが風水的には理想です。

臨時収入 3 思いがけない収入を得たい

お金は使って循環させることで、出ていったお金は思いがけず大きくなって自分のもとへ帰ってきます。お金を上手に使えるようになるには、黄色い生花のそばに豊かさを象徴するトパーズを置いて。この石は内面の豊かさにも気づかせてくれるので、富裕感ももたらしてくれます。

生花を飾るのは心豊かな証拠。水は毎朝取りかえて。

不動産運 4 庭つきのマイホームを手に入れたい

夢の実現や行動力を金運に結びつけてくれるのが、ルチルクオーツです。夢に向かう持久力をアップしてくれるので、コツコツと地道にマイホーム貯蓄をするようになれるはず。この石は不動産運を司る北東に置きましょう。金運に深くかかわるアンバーを身につけるようにしてもいいですね。

節約 5 ケチにならず節約上手になりたい

節約ばかりに目がいっては生活に潤いがなくなります。メリハリのあるお金の使い方ができるようになれば、楽しく、かつ上手に節約できるようになります。そのためには、お財布に入れたシトリンをときどき太陽にかざしてください。

シトリンはお金に関する知恵も与えてくれます。

くじ運 6 いつも購入する宝くじが当たりますように

宝くじはお金と同じように大切に扱うことが肝心です。お財布の中に入れるときは曲げないようにし、財布の中に入れっぱなしにしないこと。宝くじに金運がもたらされるように、トパーズと一緒に引き出しの中に大切に保管しておきましょう。

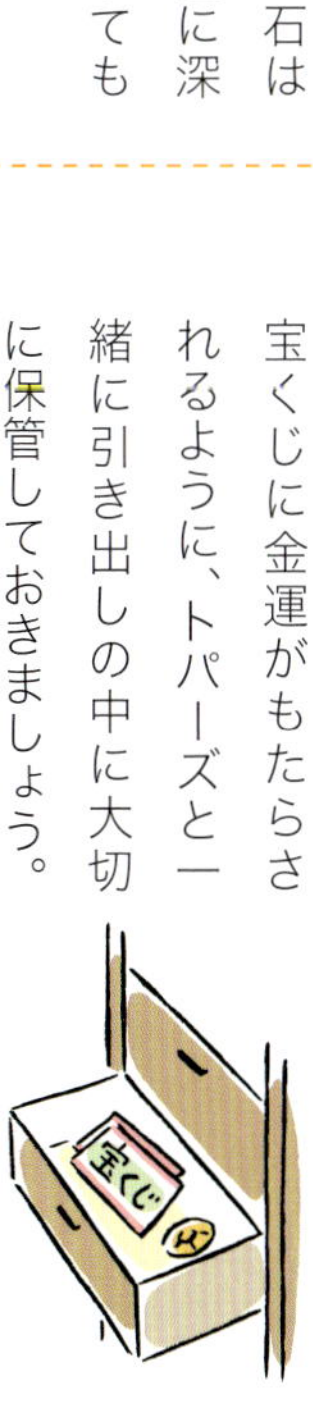

箱の中に入れて保管するなら、勝負運のつく南に。

財テク 7 株で上手に儲けて資産を増やしたい

株で儲けるには市場動向に目を光らせることも大切ですが、ひらめきや直感も必要。購入した株の書類は、直感を鍛え、勝負運をもたらすアメジストと一緒に保管しておきます。邪念を払うクリスタルを部屋に飾っておくのも直観力を磨くことに。

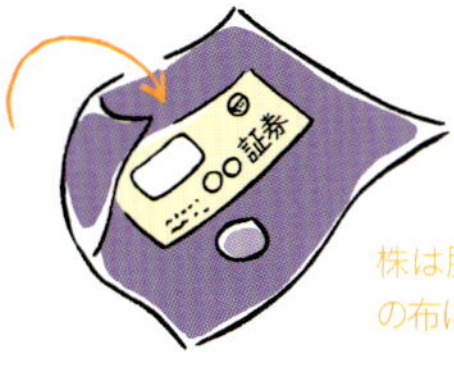

株は勝負に強くなる紫の布に包んでおいても。

金運

懸賞運 8
はがきやネットでの懸賞が好き！当選確率をアップさせたい

懸賞では、はがきやネットなどその応募方法はさまざま。懸賞運アップには、金運を招くまねき猫と勝負運のつくアメジストを一緒に飾ります。そのそばに応募はがきや書類を置いておきましょう。パソコンをそばに置けば、おいしい情報がもたらされるかも。

南か西をきれいに掃除しておきましょう。

ギャンブル 9
競馬やマージャンなどギャンブルに強くなりたい

勝負に強い人はタイミングよく決断ができる人です。迷いを断ち切ってくれるラピスラズリは勝負にはもってこいの石です。馬券は白い紙に包んで西に置き、そばにラピスラズリを置きましょう。アクセサリーとして身につけるといざというときに強運をもたらします。

浪費癖 10
衝動買いで浪費ばかりこんな癖を直したい

衝動買いしたものは、結局は無駄になってしまうことが多いもの。これは自分の心を満たそうという代償行為の結果です。心に満足感をもたらすためには、金糸入りの布の上にシトリンとトパーズを置いてみて。精神の安定をもたらすアンバーをアクセサリーとして身につけても。

無駄をなくすパワーを持つ北に置きます。

金銭トラブル

11 お金に関する悩みやトラブルを回避したい

貸したお金を返してもらえない、遺産相続でもめているなど、お金にまつわるトラブルは数多くあります。こうしたトラブルを防いで金運を招くには、勝負強さをもたらすルチルクオーツに最強の厄除けアイテムであるシーサーの組み合わせで。マイナスのエネルギーをしっかり跳ね返します。

邪気を払う赤でさまざまな災いを遠ざけることに。

老後資金

12 老後もお金の心配なく生活していきたい！

黄色だけでなく、オレンジや赤も金運をもたらしてくれるカラーです。実りを象徴する暖色系の果物と、望みが叶うオレンジカルサイトを一緒にフルーツバスケットに置きましょう。見た目も心地よい赤やオレンジは、体をあたためる色でもあるので健康にもプラスに作用します。金運と健康運の両方に効果的です。

いろいろなフルーツと一緒に置いても。

パート

13 家計を支えるためによい働き口を見つけたい

金運を高めるパワーストーンを主婦の方位である南西に置き、働きたい会社の写真や興味ある仕事に関する雑誌の切り抜きなどを一緒に並べます。そして「この仕事に就いて稼ぐ！」と心で強く念じましょう。こうした行為が心に刺激を与え、自分を行動へと駆り立てるのです。

理想の間取りとパワーストーン

金運は玄関から。金運を司る西側の間取りも大切です。インテリアとパワーストーンで金運パワーをサポート。

ワンルーム

南東の玄関は、人との縁を大切にすることで金運がもたらされます。事業の成功を司る北西に広いスペースがあるのも○。北東のベッドはお金を増やすためのエネルギーを充電できます。金運を上げるアンバーをそばに。

トパーズ

窓辺に

窓の近くに貯金箱を

星柄や丸いラグマットを取り入れましょう。窓の近くには赤い小物や豚の貯金箱を置いて。

キッチンに観葉植物を

シンクとコンロの間に観葉植物のポトスを。キッチン小物には赤やオレンジを取り入れて。

トイレに葉の模様を

緑や葉のモチーフを取り入れましょう。使用後は蓋を閉め、トイレットペーパーの先は三角折りに。

玄関には竹製品を

ミリオンバンブーや竹材の置物を置きます。陶器のドアベルはよい知らせをもたらします。

ベッドまわりは白に

寝具類は白を基調に。レースのカーテンと遮光カーテンを。底が深い白い陶器の小物入れを近くに置く。

アンバー

ベッドまわりに

シトリン

玄関まわりに

1LDK

北西の玄関は仕事での成果や投資が金運につながる方位。北に収納があると、無駄のないお金の使い方ができます。北東の収納も蓄財運をもたらします。金運に関係する西にあるトイレはクリスタルでしっかり浄化。

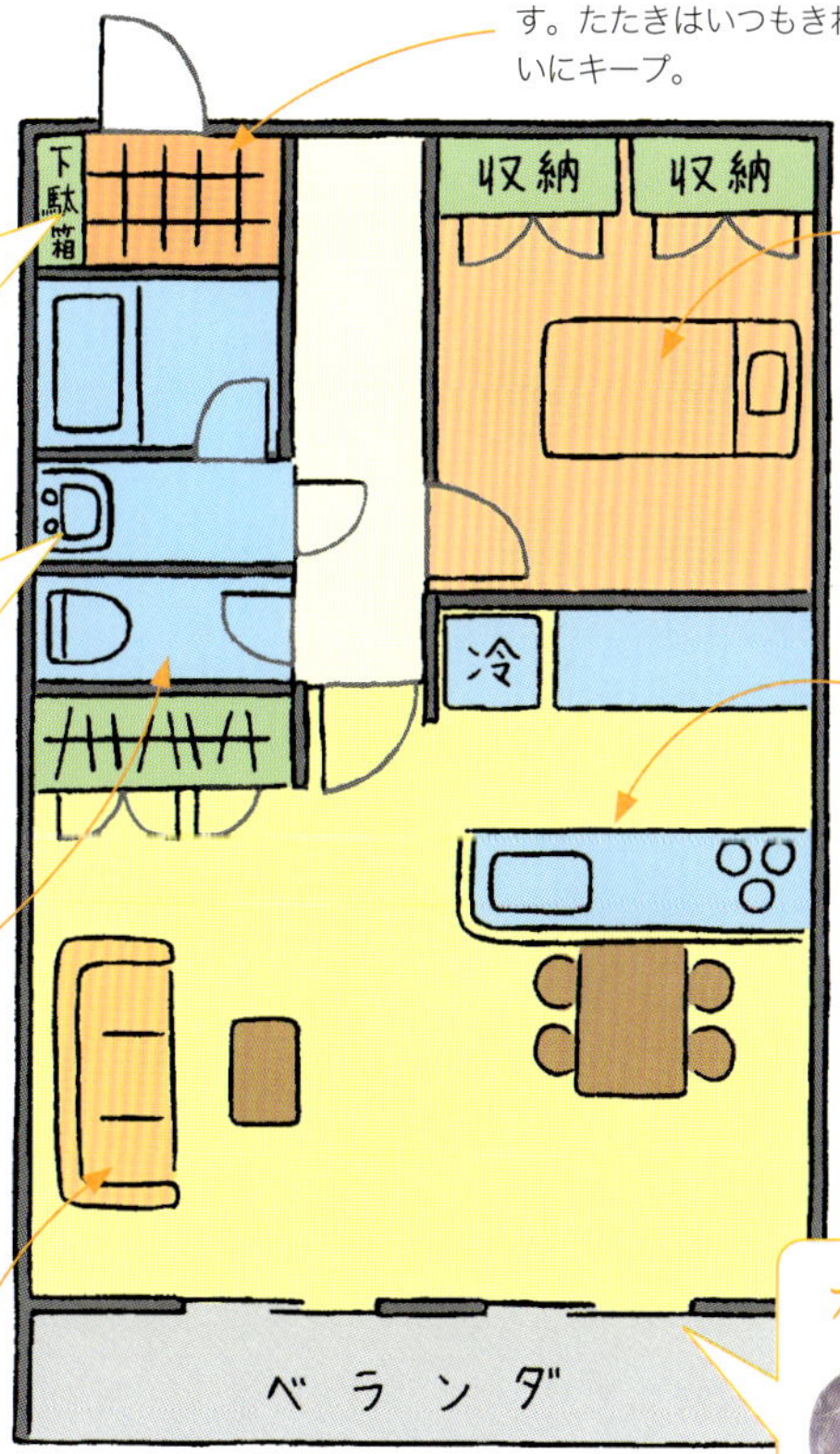

シトリン

玄関まわりに

クリスタル

洗面所に

アメジスト

窓辺に

玄関には ドアチャームを

シルバーのドアチャームを吊るしましょう。音がチャンスを呼び込みます。たたきはいつもきれいにキープ。

寝室には 山の絵を

部屋のコーナーには気のめぐりをよくするために、小さい観葉植物を。なだらかな山の絵を飾ります。

キッチンには フルーツ柄を

フルーツは繁栄の象徴です。白いフルーツコンポートに実りをもたらすフルーツをたくさん入れて。

トイレには 炭を置く

炭や盛り塩などでトイレをしっかり浄化。換気もこまめに行って。ペーパーホルダーは赤や黄色に。

黄色の生花を飾って

クッションカバーは花柄に。テーブルには黄色い生花を。観葉植物のモンステラは金運をもたらします。

2DK

北西の玄関、倹約の北と蓄財の北東の収納で金運は完璧。気の流れを促すクリスタルをコーナーに。西のキッチンは食に不自由しないとされます。情熱の方位の南にタイガーアイを置くと、自分の才能で稼げるように。

方位

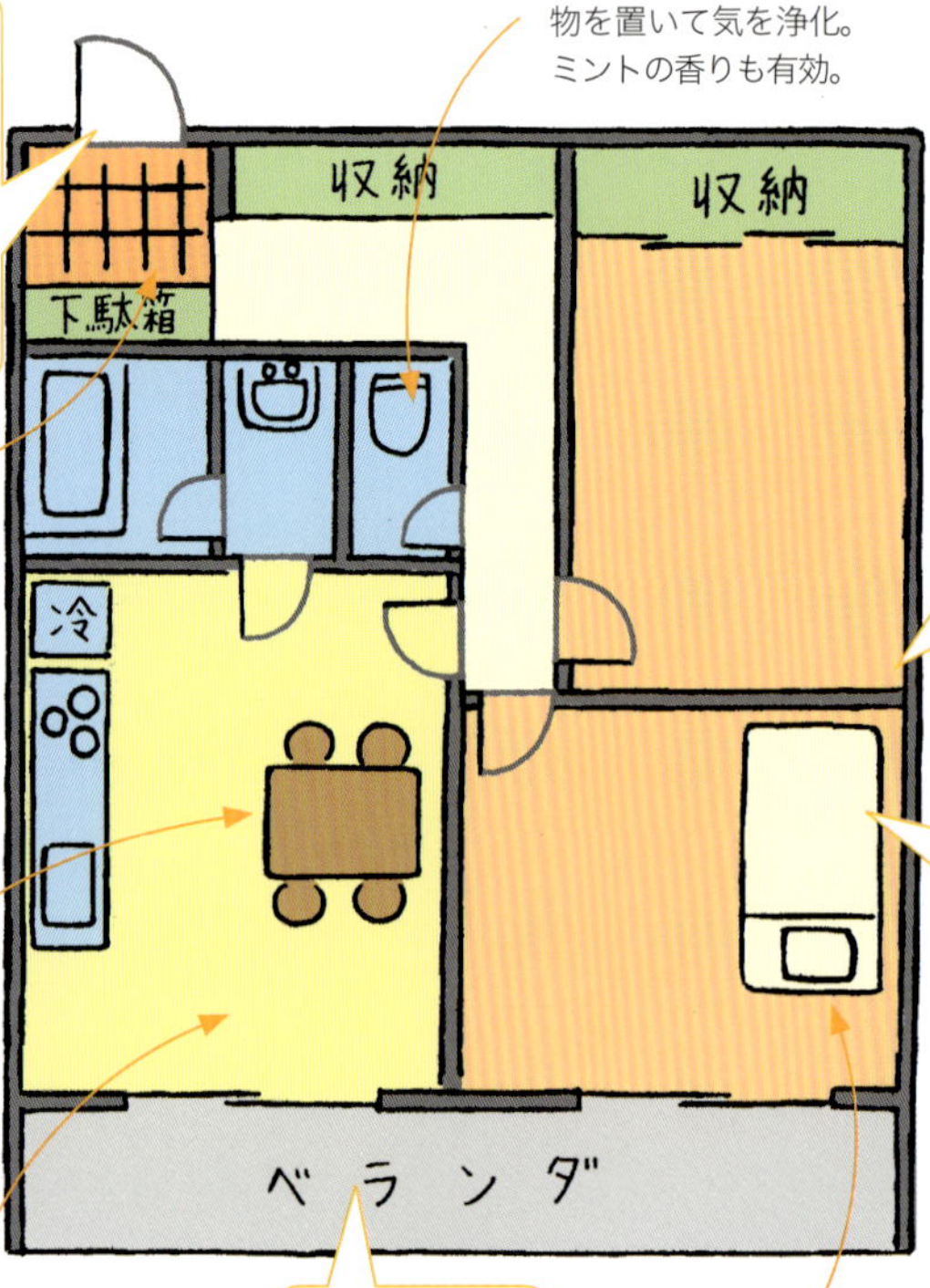

シトリン

玄関まわりに

玄関に尖った置物を

シルバー製や大理石のピラミッド型の置物を飾りましょう。鏡を置く場合は、玄関を入って左側に。

ダイニングには生花を

ガラスの花瓶を使い、水は毎日取りかえます。邪気を払う桃の形をした入れ物を取り入れてみて。

リビングは茶系に

クッションカバーはキャメルか花柄に。窓辺には観葉植物のパキラを。背の低いスツールを活用。

タイガーアイ

窓辺に

ベッドは窓から離す

寝具類のポイントカラーは緑に。オルゴールをインテリアに取り入れて。部屋の東には緑の置物を。

気の浄化を大切に

トイレグッズのポイントカラーは赤や青。ポトスなどの観葉植物を置いて気を浄化。ミントの香りも有効。

クリスタル

コーナーに

アベンチュリン

ベッドまわりに

2LDK

シトリンを北西の玄関に置けば、どんな困難にも立ち向かっていけるように。西の寝室で金運パワーをしっかり吸収。南東のリビングは人脈がお金を運んできてくれ、南西のキッチンは内助の功が金運をもたらします。

明るい玄関に

ガラスやラメ入りのきらきら光る小物を置きましょう。観葉植物のモンステラも金運アップに有効。

シトリン

玄関まわりに

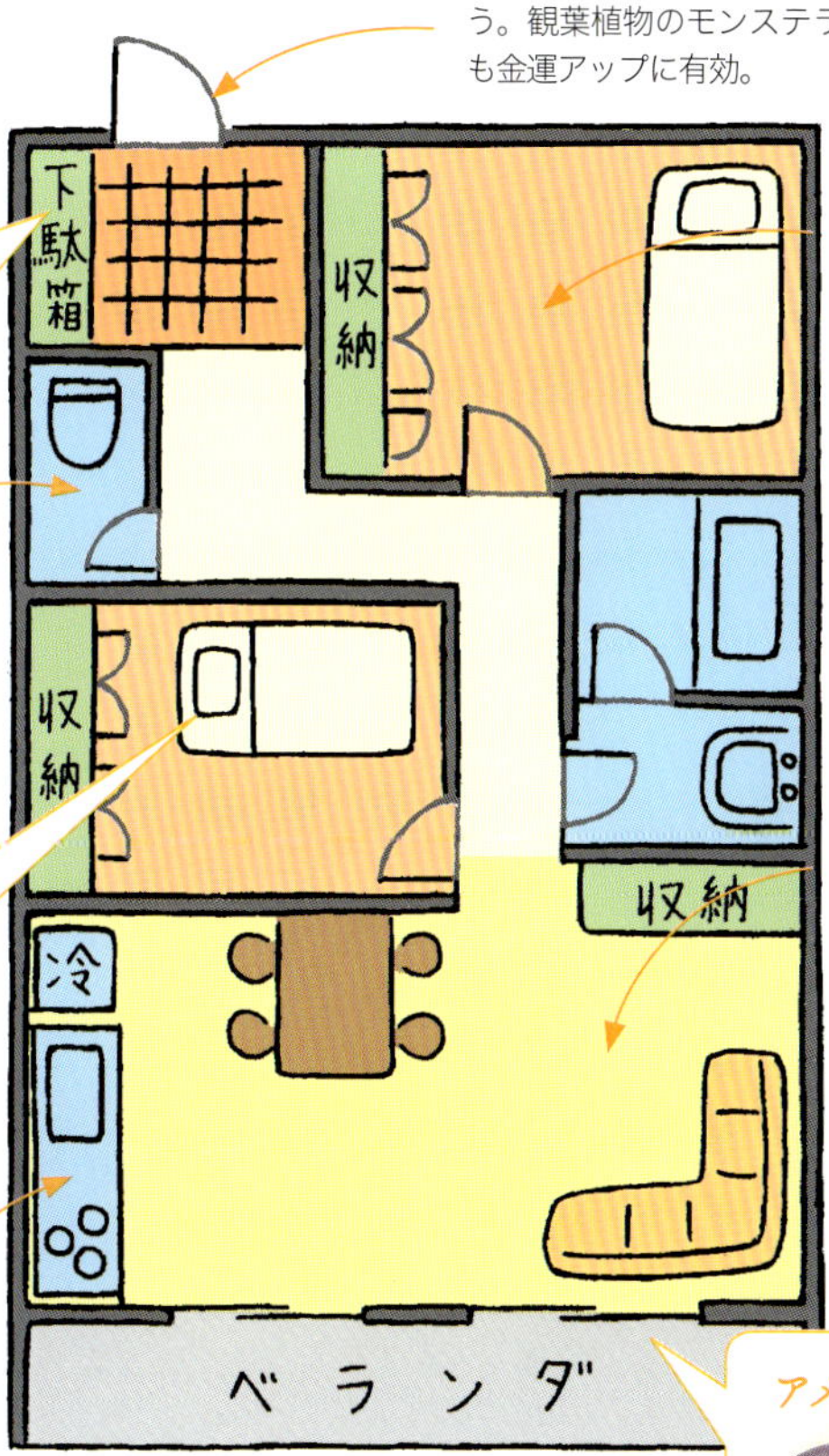

寝室に風景画を

森林や山などの絵や写真は気を落ち着かせます。気のたまりやすいコーナーに盛り塩をしましょう。

トイレは白か水色を基調に

白や水色を基調に、ポイントに赤を取り入れて。コーナーに炭、観葉植物を置き、換気はこまめに。

アンバー

ベッドまわりに

リビングは癒し空間に

丸い形や緑色でリラックス効果を高めます。ミリオンバンブー、ウンベラータなどの植物を窓辺に。

キッチンには野菜柄を

野菜柄や野菜をモチーフにしたアイテムで気も安定します。生花や観葉植物は欠かさないように。

アメジスト

窓辺に

金運

3LDK

南東の玄関は人脈が広がり金運をもたらします。東のトイレはよい情報をもたらし、資産のプラン立てに役立ちそう。コーナーにラピスラズリを置いて気の循環を促すことで、お金の出入りもスムーズに。

クリスタル

窓辺に

北の寝室には水玉模様を

北側の寝室にはパステルカラーや水玉模様を取り入れて。魚の絵や魚をモチーフにしたアイテムも○。

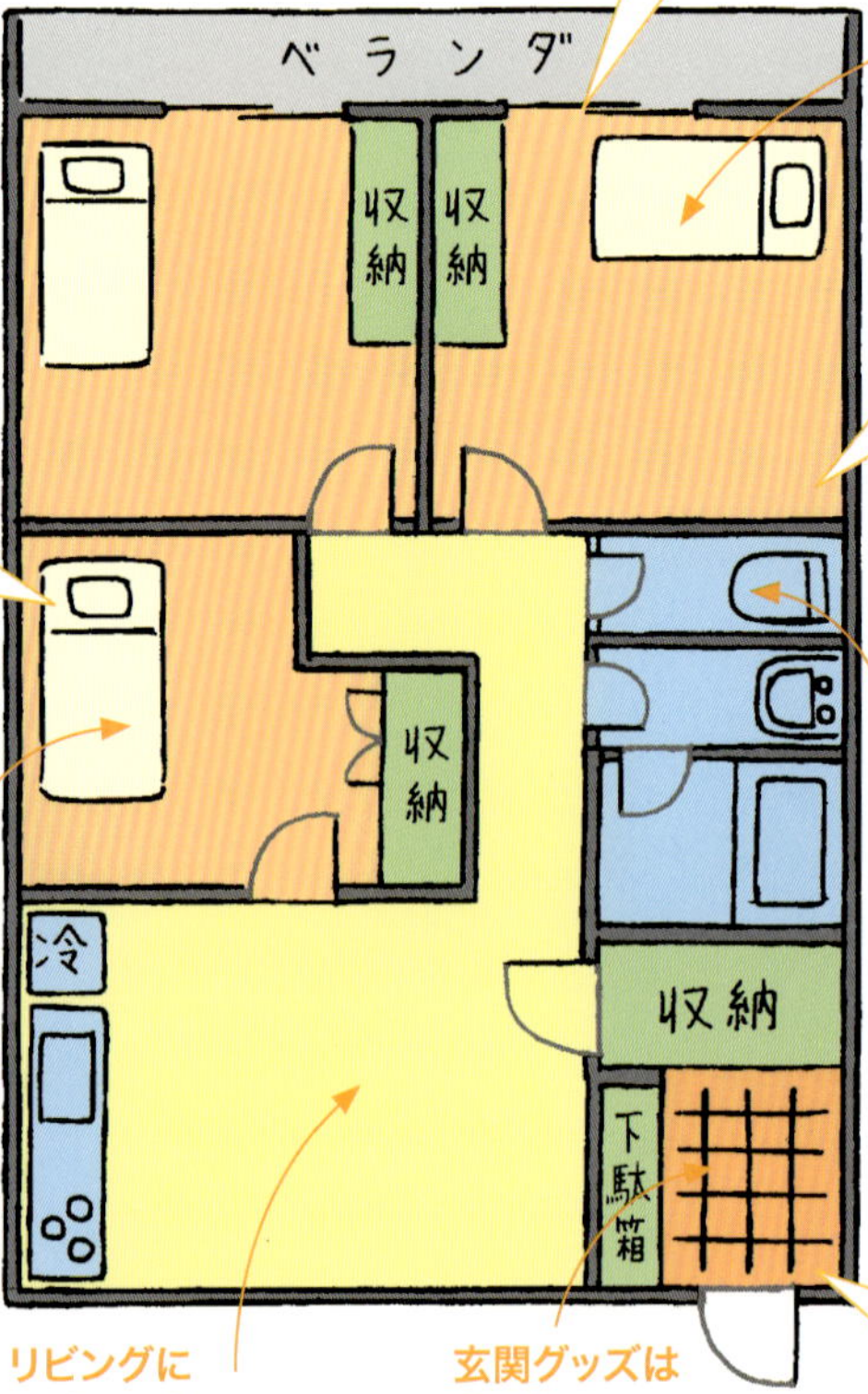

ラピスラズリ

コーナーに

パール

ベッドまわりに

寝室に星や月のモチーフ

西にある寝室のインテリアには星や月のモチーフを取り入れて。枕元にはライトを置きましょう。

こまめに掃除を

汚いトイレには金運はやってきません。使用後はふたをして臭いを遮断。生花や観葉植物を置いて。

シトリン

玄関まわりに

リビングに天使の置物を

平和を意味する金色の天使の置物を部屋の中央を向くように飾ります。生花は黄色の花瓶に。

玄関グッズは茶や緑に

観葉植物で気を浄化するとお金のめぐりがアップ。幸福の木やウンベラータなどの植物がおすすめ。

金運NG間取りのリカバリー法

玄関とトイレやキッチンなどの水まわりの配置は金運と深くかかわっています。
よくない配置はこうして対処して。

理想的な配置

玄関からトイレが離れている

玄関は体にたとえると顔や口にあたります。玄関のそばに食を司るキッチンがあるのは、問題ありません。排泄の場であるトイレは不浄の気＝邪気がたまりやすいところ。排泄する場であるトイレはキッチンと離れ、ものを食べる口＝玄関から遠いところにあるのが理想です。

よくない配置

キッチンの横にトイレ

キッチンが不浄の気の影響を受けやすくなります。生命の源をつくる食空間が不浄に気に包まれることは、健康運や家運にもマイナスです。トイレに盛り塩、キッチンには生花を置いて。

玄関のそばにトイレがある

玄関は気の入り口です。玄関から入ってきた気がトイレの邪気を巻き込み、家中に広げてしまいます。トイレ内は白いインテリアにして盛り塩をし、トイレのドアに白いカーテンをします。

玄関の真正面にトイレがある

トイレのドアを開けるたびに不浄な気が流れ出て、玄関からの勢いのある気と一緒に部屋にまわってしまいます。トイレに盛り塩をし、玄関とトイレの間にのれんやついたてをセット。

健康運アップはパールを浴室に

鏡に貼る

風水アイテムである鏡に貼ることで、鏡がもたらすよい気のパワーをアップ。鏡はこまめに磨いて。

窓辺に吊るす

外から入ってくるよい気に力強い生命力を注ぎ込みます。窓がないときは照明のそばに吊るして。

バスタブに置く

水のそばに置くことで、パールの癒しパワーが高まります。貝の器に入れると効果的です。

ボトルにかける

バスグッズの気を整えることで浴室内のパワーをアップ。ときどき揺らして気を拡散させましょう。

癒し効果のあるパールで心身に活力を取り戻す

心と体を癒してパワーをくれるのが、ジュエリーとしても馴染みのあるパールです。命の源である海から誕生するパールは、生命力に満ちあふれ、ちょっと弱った心身にプラスに作用し、健康をしっかりサポートしてくれます。

健康運を司るのは浴室です。入浴という行為は風水的にいうと邪気を洗い流すことで、重要な意味があります。ですから、パワーストーンで浴室のパワーを高めることでその効果もアップします。白は強い浄化作用があるので、体についたマイナスのエネルギーを一層します。

健康運を強化するパワーストーン使い

1 女性の健康を守り 心の平静をもたらす石

パール以外に健康運に効果的なのが、ムーンストーンとオニキスです。ムーンストーンは女性の健康をバックアップ。マイナスのエネルギーを跳ね返して守ってくれるのがオニキスです。ネガティブな思いが浄化され、気持ちが落ち着きます。

ムーンストーン

オニキス

2 心を愛のエネルギーで 満たし元気づけてくれる

女性をきれいにする美容運を高めるのがピンクトルマリンとピンクカルサイトです。愛のエネルギーで癒してくれるピンクトルマリンのパワーと、若さや美しさと関係が深いピンクカルサイトは、女性を内側から輝かせてくれます。

ピンクトルマリン

ピンクカルサイト

3 湯の中で石を握って 心と体の調和を得る

湯船につかりながら、パワーストーンを軽く握ってみると、石のパワーをしっかり吸収できます。落ち込んでいた気分も回復し、体も軽くなって心身のバランスを整えることに。水（湯）によって、パワーストーンも浄化（水に弱い石には注意）。

健康運

願い事が叶う ピンポイントパワーストーン術

元気になる石、内面の美しさを磨く石、ストレスに負けない心を育てる石……そんなパワーがもらえる石とは？

ダイエット

1 ちょっと太り過ぎ…… きれいにやせたい

白と黒のストライプや寒色系は食欲を抑える色といわれます。パールは忍耐力をもたらすので、食べたいという強い欲求に勝つパワーが生まれます。

食卓やいつも目に入るところに置いて。

睡眠

2 寝つけず睡眠不足です よく眠れるようになりたい

悩み事があったり、落ち込んだりすると、神経が過敏になってよく眠れません。心を解放してくれるオニキス、浄化力の高いガーネットやセレスタイトなどを枕元に置いたり、寝る前に触ったりすると、ぐっすり眠れるようになります。

抵抗力

3 ストレスにも負けないように 体の抵抗力を高めたい！

身を守るお守りの石ともされ、強いパワーを持っているのがブラックトルマリン。いつも目に触れるようにすると、気持ちを奮い立たせてくれます。浄化力が強いガーネットは、前向きな力を与え強い心をつくります。

美肌

4 年齢に負けない みずみずしい美肌が欲しい

パワーストーンで美をもたらすアイテムの力を強めましょう。クリームや化粧水のそばにピンクトルマリンを置くことで、女性美へと導きます。

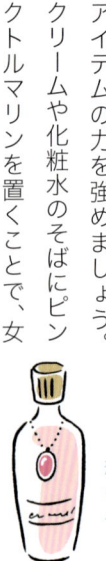

瓶は正面に向け、石を首からかけ鏡のそばに置いても。

エイジング

5 実年齢に負けないようにきれいに歳を重ねたい

美しく年齢を重ねるために大切なのが、見かけではない内面からの輝きです。強い生命力を持つパールや、女性的な魅力を引き出してくれるピンクトルマリンは内面の美を磨いてくれます。寝る前にそっと触れてみて。

クリスタルのお皿にのせると浄化もできます。

イライラ

6 いつもイライラするのをなんとか解消したい！

心に平静さをもたらすセレスタイトをバスタブのそばに置いて。触れたり、見たりすることで石のパワーが心に働きかけ、やすらぎがもたらされます。心がざわついてきたときは、落ち着きを与えてくれるオニキスに触れるといいでしょう。

バスルームに置かず、石を持ち歩いてもかまいませんが、白い布に包んで。

疲労

7 忙しすぎて疲労がたまっています

自分の体が持つパワー＝自力を高めることが肝心です。そのためには、心身を浄化してくれるピンクトルマリンを化粧ポーチの中に入れていつも持ち歩くようにしましょう。英気を養ってくれるガーネットやアメジストは心の疲れに、ブラックトルマリンは肉体疲労に最適。オフィスのデスクや浴室に置くといいでしょう。

その日の体調で入れる石をかえても。

理想の間取りとパワーストーン

健康運に関係する水まわり、心身を休める寝室はきれいにし、気の流れをよくすることが最も大切です。

方位
北

ワンルーム

健康運を司る北に玄関があることで気の通りがよくなり、クリスタルの浄化作用で健康運もアップ。やすらぎをもたらす南東にベッドを配置して○。部屋のコーナーに強いパワーを持つオニキスを置き、気の流れを活性化。

クリスタル

玄関に

パール

浴室に

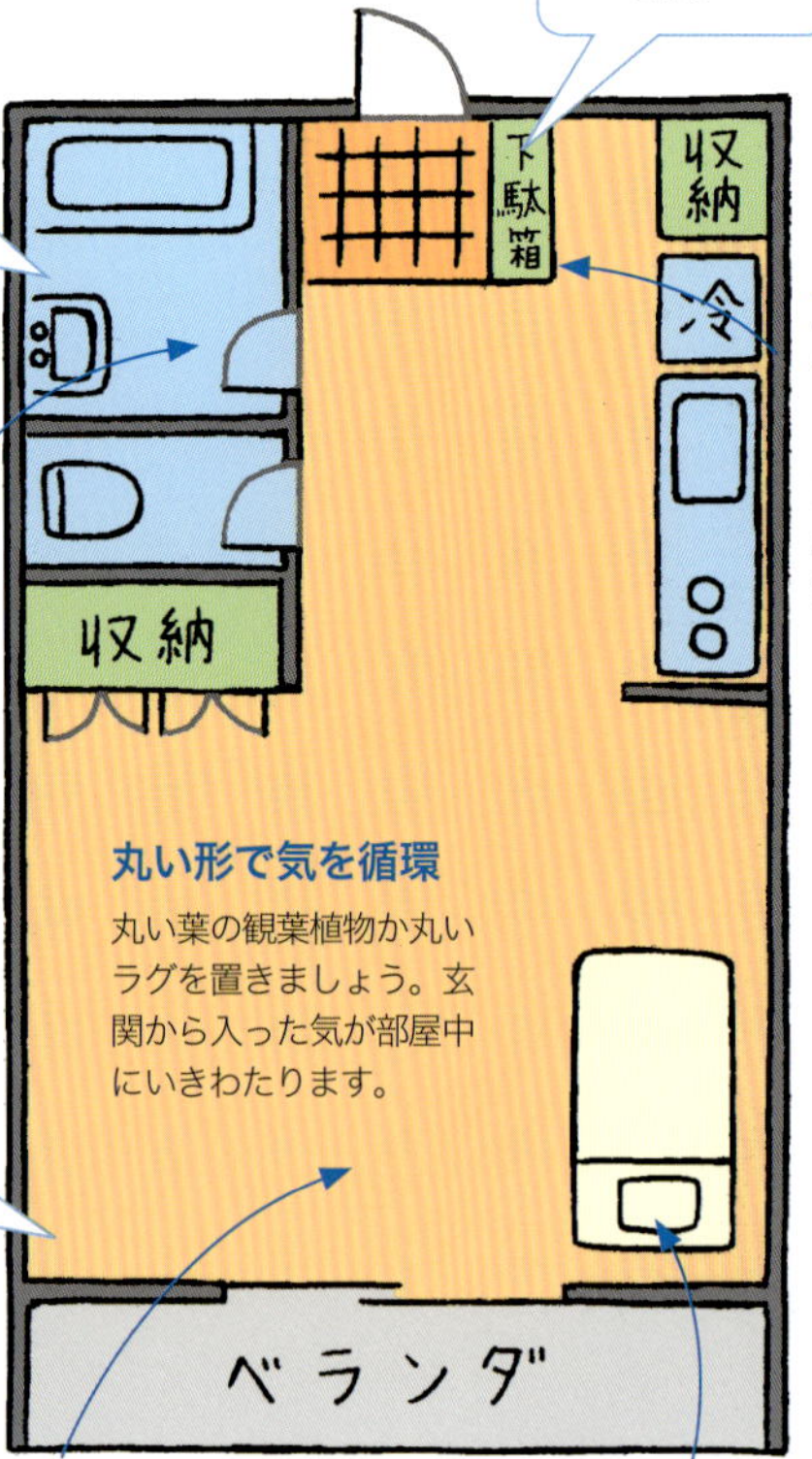

玄関は音で邪気祓い

ドアに白い陶器のドアベルやチャームをかけると邪気払いに効果的。下駄箱の中には脱臭剤を入れて。

マットは必須

浴室は白やクリーム色を基調に。足元の冷えは金運を逃します。マットが置けなければスリッパを。

丸い形で気を循環

丸い葉の観葉植物か丸いラグを置きましょう。玄関から入った気が部屋中にいきわたります。

オニキス

コーナーに

キャンドルを活用

貯金箱や蓋つきの小物入れを置くなら西側に。赤いキャンドルやキャンドルホルダーも窓際に飾って。

枕元にはアロマポットを

シーツは白に、カバーはペパーミントグリーンを。陶器のアロマポットを枕元に。ただし安全に注意！

1LDK

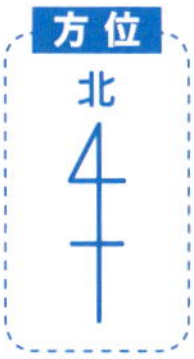

北に寝室を配置することでぐっすり眠れるので、疲れもたまりません。セレスタイトで心身の調和をプラス。南東に広いスペースがあることで、人付き合いでのストレスもなくなります。南の窓は気力をもたらします。

浴室でリラックス

仕事の疲れは、好きな香りの入浴剤を使ってゆっくり湯船につかってとること。バスソルトでも。

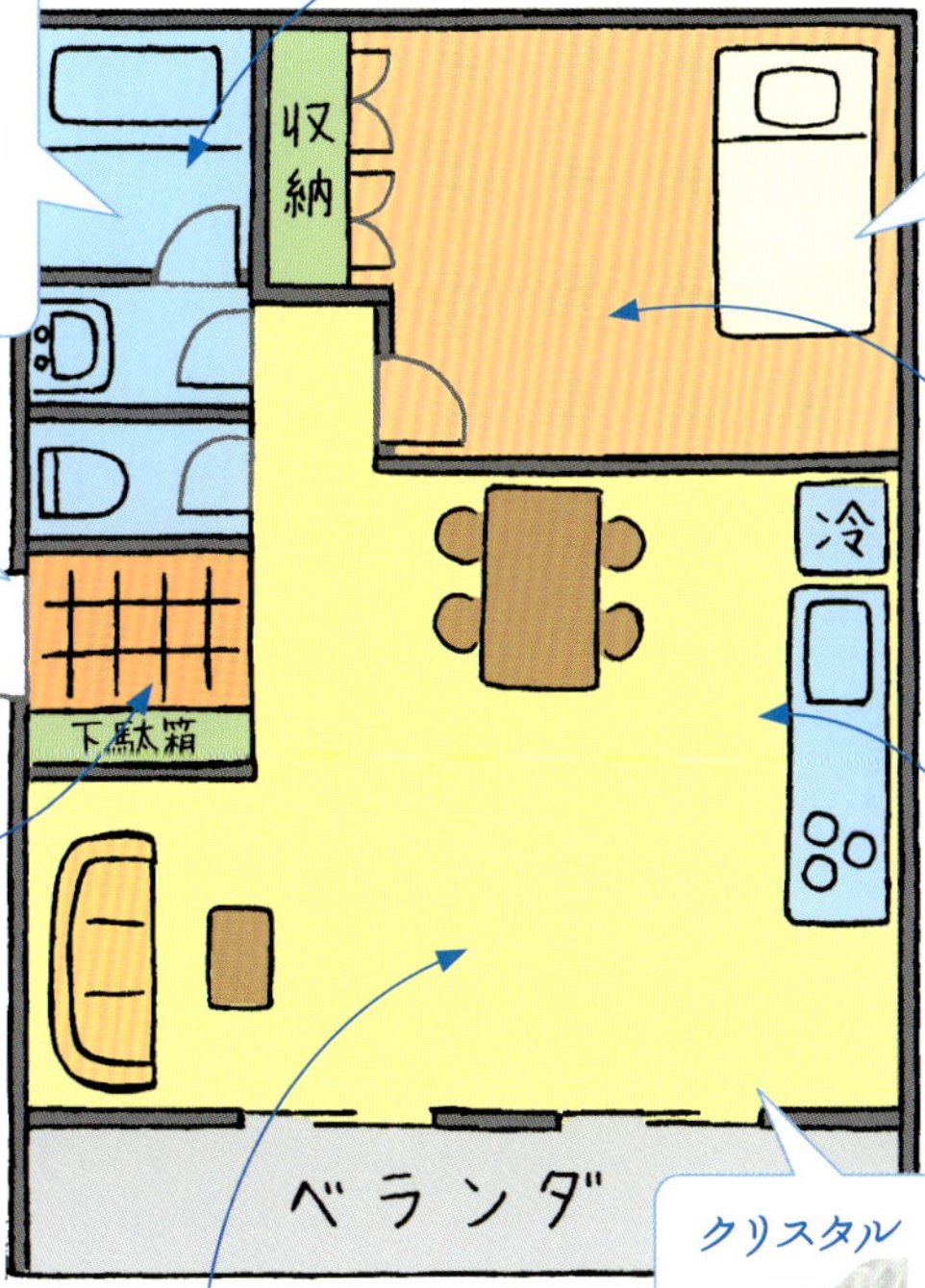

清潔がよい気を招く

汚れやホコリがたまると体調を崩すことに。寝具類は汚れが目立つ白に。こまめに洗濯をしましょう。

シーサーと白で疲れ防止

白や水色のものは遊び疲れや飲み疲れを防いでくれます。赤いシーサーをドアに向けて置いて。

足元アイテムを暖色系に

冷え＝邪気は足元からやってきます。キッチンマットやスリッパは暖色系や花柄にしましょう。

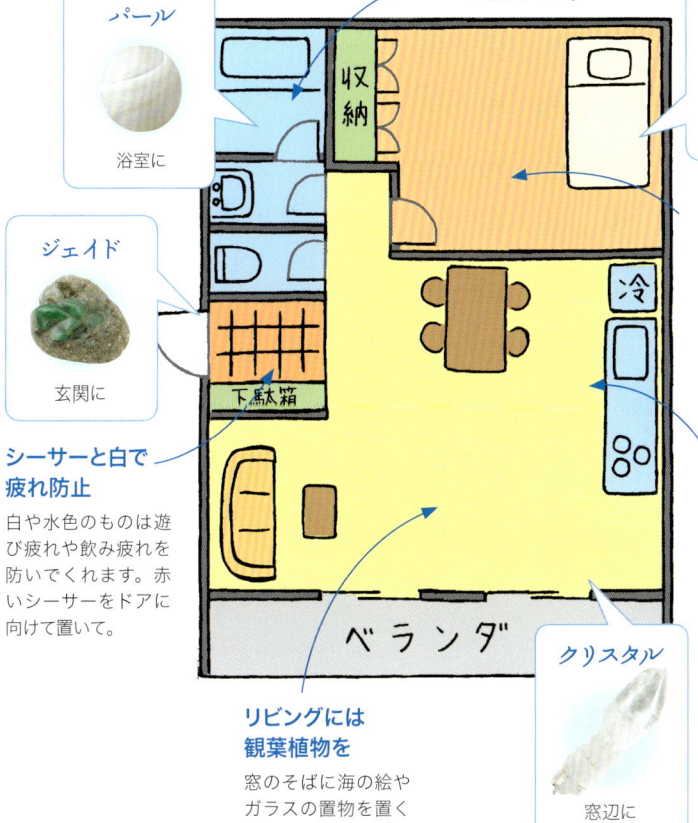

リビングには観葉植物を

窓のそばに海の絵やガラスの置物を置くと、無理をしなくなり体調も万全に。丸い葉の植物を飾って。

2DK

東や南東に水まわりがあると、人間関係でのストレスもなくなります。安眠をもたらす北の寝室にピンクカルサイトを置けば、美容運もアップ。南の収納は頑張りすぎを抑えて、心身のバランスを保つことができます。

ピンクカルサイト

窓辺に

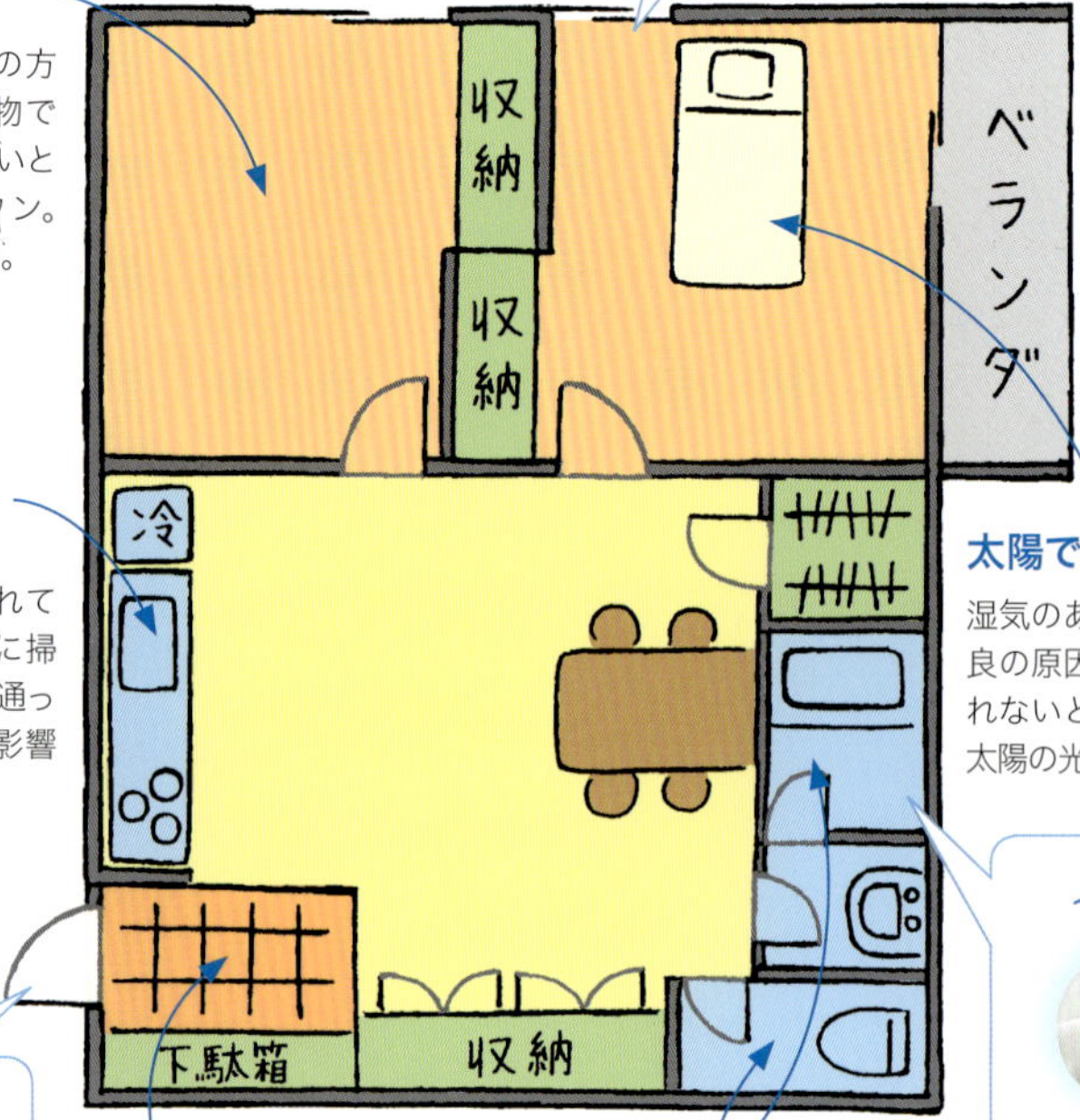

掃除を欠かさずに

北西は一家の主の方位。この部屋が物で溢れていたり、汚いと主の健康はダウン。いつもすっきりと。

水道の蛇口をチェック

水道の蛇口も汚れているので定期的に掃除を。汚い蛇口を通った水は体にも悪影響を与えます。

太陽で布団を浄化

湿気のある布団は体調不良の原因に。体調がすぐれないときは邪気を払う太陽の光をあてて浄化。

パール

浴室に

ジェイド

玄関に

玄関は見た目をきれいに

玄関のゴミやホコリはこまめに掃除。主婦が家族全員の健康管理をうまくできるようになります。

浴室の排水溝はきれいに

浴室の排水溝に汚れやゴミがたまっていると健康を崩す原因に。トイレには観葉植物を置いて浄化。

2LDK

南側の広いスペースは頭をクリアにし、ストレスに強い体に。アメジストで上手に感情をコントロールできるように。健康運にプラスに働く西か東に寝室を配置するのは○。玄関にはガーネットを置いて邪気払いを。

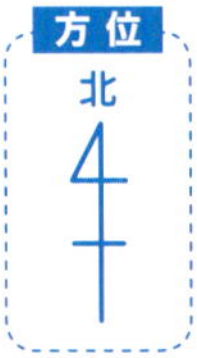

タオル交換はこまめに

トイレグッズはパステル調の色合いに。マットは毛足の長いものがおすすめです。タオルは汚れたらこまめに取りかえて。

パール

浴室に

ガーネット

玄関に

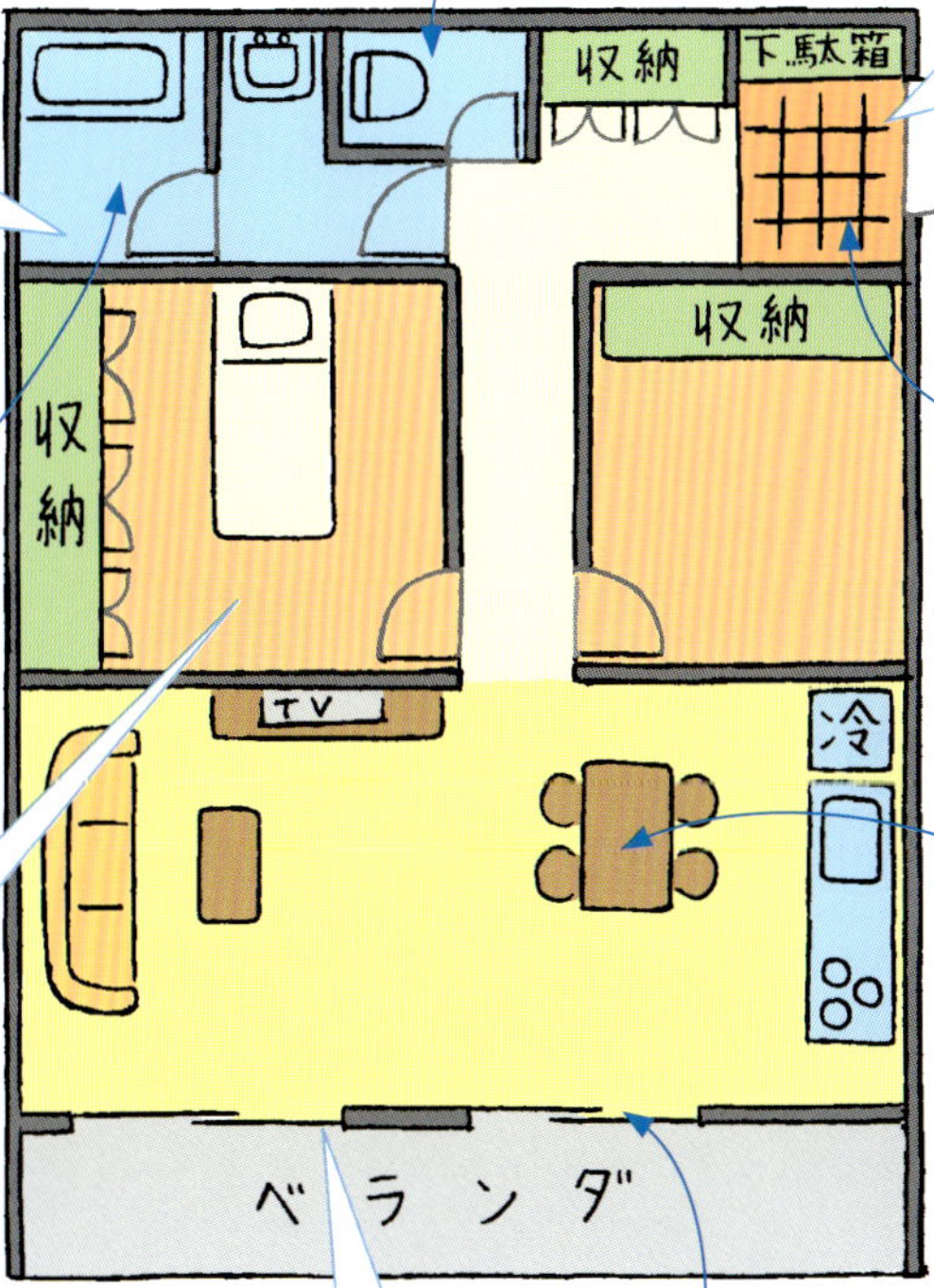

浴室にモビールを

湿気が多いと気が停滞するので、モビールで気の流れをつくります。コーナーもしっかり掃除して。

玄関にシーサーを

赤いシーサーやサボテンは邪気を払ってくれるアイテム。玄関マットやスリッパは白やクリーム色に。

ムーンストーン

ベッドまわりに

花瓶敷きを忘れずに

ダイニングテーブルの上に季節の花を飾りましょう。ペパーミントグリーンの花瓶敷きを使って。

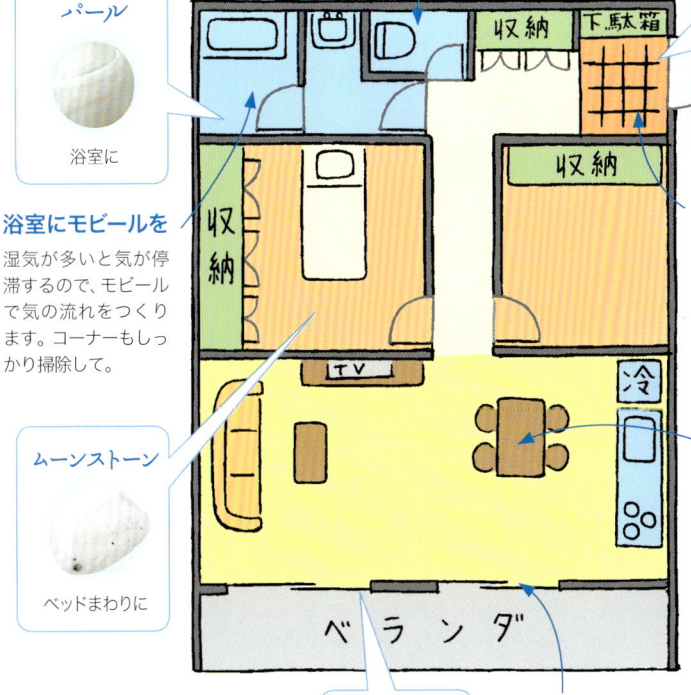

アメジスト

窓辺に

窓はピカピカに

汚れた窓ではよい気が入ってこないので、家族全員の健康運もダウン。さんの汚れにも要注意です。

3LDK

東にキッチン、西に浴室も健康運にプラスに働く間取りです。北の寝室はマイナスの感情もリセットしてくれるので、魂を浄化するセレスタイトとの相性は○。北西の玄関をすっきりさせれば、一家の主に強い心を育てます。

方位
北

セレスタイト

ベッドまわりに

アクアマリン

玄関に

北東はスペースを大事に

クローゼットは整理整頓しておかないと邪気の巣窟に。余計なものは置かず、掃除はこまめに。

品のある玄関に

高価な絵や高級感のある置物を飾りましょう。季節はずれのものや汚いスリッパは取りかえて。

パール

浴室に

ゴミはこまめに捨てる

キッチンが汚いと主婦の健康にマイナス。生花や観葉植物を取り入れて気を安定させましょう。

風呂アカは残さない

掃除では浴槽のアカはしっかり落とします。心身をリラックスさせるには、緑の香りの入浴剤で。

木製の家具に

テレビまわりに物が散乱していると心が落ち着かなくなります。木製の家具を多く取り入れましょう。

フロライト

窓辺に

健康運NG間取りのリカバリー法

ケース1 浴室が鬼門にあるとき

鬼門（北東）は悪い気が入ってくる方位とされ、家相的には水まわりを配置するのは控えたい方位です。ここに浴室があるときは、バスグッズを浄化の意味を持つ白で統一しましょう。また、ユニットバスの場合はどの方位にあっても同様に対処。換気をこまめにすることも肝心です。

ケース2 浴室に窓がないとき

湿気の多い浴室はカビの多発地帯。カビは風水的にいうと邪気です。放置したままでは石のパワーが半減してしまうどころが、邪気を吸い込んで無力になることに。こまめに掃除をするようにしましょう。タイルや壁は消毒用エタノールなどを使って拭くと、殺菌にもなって一石二鳥です。

ケース3 寝室に浴室があるとき

ホテルのように寝室にバス＆トイレがついているご家庭も珍しくありません。この場合も浴室が北東に来るのは好ましくありません。浴室内の気の流れが停滞しないように、浴室にモビールを吊るして気の流れをつくりましょう。アロマを焚いたり、生花を置いたりしてもいいですね。

人間関係運アップはペリドットをリビングに

窓辺に吊るす

太陽の光はよい気そのもの。太陽の光にあたることで石のパワーもアップ。クリスタルと交互に。

観葉植物に置く

土は安定の意味を持ちます。観葉植物の土の上に石を置くと、人との絆を強める力が得られます。

フォトスタンドに

写真立てには家族のフォトを。石を貼ったり、そばに置くことは家族のつながりを強くすることに。

テーブルに置く

丸い形は永遠や循環をあらわします。石のパワーを与えることで大切な人との関係が末永く続きます。

人とのつながりをもたらす石 コミュニケーションも円滑に

人間関係運とは、人同士の気の交流がスムーズに運び、豊かな人間関係が結べる運といいかえることができるでしょう。こうした気の交流にプラスに働くのが、太陽の石ともいわれる黄緑のペリドット。自分に関心を引き寄せることで人とのつながりをもたらします。

人間関係運を司るのが、家族のコミュニケーションの場であるリビングです。

ペリドットが与えてくれるポジティブなエネルギーは前向きに生きる姿勢をサポート。これが周囲にもプラスのエネルギーをもたらし交流は円滑になるでしょう。

人間関係運を強化するパワーストーン使い

1 よい人をもたらす緑の石 信頼も同時にもたらされます

人間関係運に効果的なのは日本では翡翠《ひすい》と呼ばれているジェイド。この緑の石は自分の支援者を引き寄せます。また、緑のマラカイトは人を見極める力を与え、自分にとってマイナスとなる人を寄せ付けず、信頼できる人との関係をもたらします。

ジェイド

マラカイト

2 家族の幸せを導く天使 石でそのパワーを倍増

天使は家族の幸せを見守る象徴です。天使をモチーフにしたもののそばにパワーストーンを置くと、家族愛が深まります。お互いに思いやりを忘れずにいられるので、ケンカや争い事もなくなります。

3 植物のパワーを石で強め 家庭の安定を築く

観葉植物はよい気を生み、気の流れをよくする風水アイテムです。パワーストーンをつなげた飾りを観葉植物の葉の上にかけるのもおすすめ。植物が持つ土と木のエネルギーは家庭に安定や交流をもたらします。それを石が補強してくれるのです。

人間関係運

願い事が叶う ピンポイントパワーストーン術

人間関係運は友愛、信頼、コミュニケーションのパワーを持つ石で対処。よい人との縁を引き寄せます。

気持ち 1
いいたいことがいえない…… 本音をきちんと言葉にしたい

他人が自分をどう思うかを考えすぎてはいませんか？　不安を抑えるアベンチュリンをリビングに置くと、心の中を自然な形で表現できるようになります。

人付き合い 2
人付き合いが苦手 職場の人とうまくやりたい

曲線や丸い形は人間関係をスムーズにしてくれるパワーがあります。深緑色のセラフィナイトは、コミュニケーション能力を高めてくれる石です。毎日触れることで、身構えたりせず、リラックスして人と話すことができるように。

石は交友や平和を意味する緑のお皿に。

チームワーク 3
仕事はチーム力が大切 団結力を高めたい

あなたがチームのまとめ役ならジェイドをパソコンまわりに置いて。冷静さや忍耐強さをもたらし、人徳を与えてくれます。周囲からの信頼を得ることでチームワークもアップ。あなたの邪魔をする人を遠ざけてくれるはず。

聞き上手 4
自分はとてもおしゃべり 聞き上手になりたい！

土のエネルギーは安定、忍耐を意味し、じっくりと聞く姿勢を養います。陶器の器におしゃべりな自分を冷静にさせてくれるペリドットを置きましょう。

パワーストーンは忍耐を意味する南西に置いて。

友達づくり

5 楽しくおしゃべりできる友人を増やしたい！

新しい人間関係を作るためには、オープンマインドになることがまず必要です。花や香りは人の心をリラックスさせる風水アイテム。そのいい香りのもののそばに、人間関係運を高める緑の石を置きましょう。柔軟で構えないスタイルで人と接することができるようになります。

ポプリは、キラキラ光るガラスの器に入れて。

初対面

6 愛想がないとよくいわれます 初対面での印象をよくしたい

心は顔にあらわれてしまうものです。マイナス思考や他人をうらやむ心では本当に明るい表情というのは生まれません。マイナス思考を取り除くペリドットのパワーを借りましょう。いつも使う鏡の横に置いて目にするようにすれば心も変化し、第一印象もかわります。

隣人

7 ご近所付き合いをそつなくこなしたい！

なにかといろいろあるご近所付き合いは、付かず離れずのバランス感が肝心。おおらかさをもたらすアベンチュリンは、バランスのよい人付き合いをもたらします。たとえトラブルがあっても、きちんとご近所の人と向き合える強い心も養えます。

人間関係運に関係する葉を器がわりに。

おしゃべり

8 話し上手になって注目を集めたい

音の出るアイテムは上手に話せる力を与えてくれます。ペリドットをオルゴールの中に入れたり、ドアベルと一緒に吊るしたりしてリビングに。人の関心を引くために大切な方位の南に置くといいでしょう。

太陽があたるようにするのがベスト。

理想の間取りとパワーストーン

人間関係運を司るのが南東です。また、リビングのインテリアも大切。交流を促すパワーストーンを上手に活用。

方位
北

ワンルーム

社交運と関係する西に広いスペースがあると人付き合いも活発に。アベンチュリンが広い心を育てます。南東の水まわりは人間関係のわだかまりを洗い流し、南西の玄関にマラカイトで、主婦同士の交友関係も華やかに。

ベランダにゴミは×

ベランダは物置にならないように。ゴミの一時保管所にはしないこと。すっきりさせておくことです。

キッチンに蝶のアイテムを

シンクのそばに赤い花を飾ります。木製の食器や小物を揃えて。魚のマグネットで健康管理も順調に。

星型や縦のストライプを

クッションは星型や縦のストライプのカバーに。社交的になりたいなら鳥の置物を飾って。

ドアノブをキレイに

玄関の掃除ではドアノブを拭くのも忘れないように。置物はなるべく背丈の低いものにしましょう。

明るいトイレに

薄暗いトイレでは家族の健康を損なうことに。トイレが汚いとやる気がダウンしてしまいます。

1LDK

南東のリビングは外との交流を活発にし、よい人脈を引き寄せます。北西の玄関は一家の主のコミュニケーション力を高めます。ターコイズが仕事関係にもプラス作用。北のスペースも男女関係によい影響をもたらします。

たたきは必ず拭いて

たたきは拭ききれいにキープして邪気を払って。下駄箱の中が汚いと仕事の人間関係でトラブルに。

ターコイズ

玄関まわりに

ベッドは枕を北に

ベッドは枕が北になるようにすると頭もすっきり。川や湖の写真やポストカードは心も穏やかに。

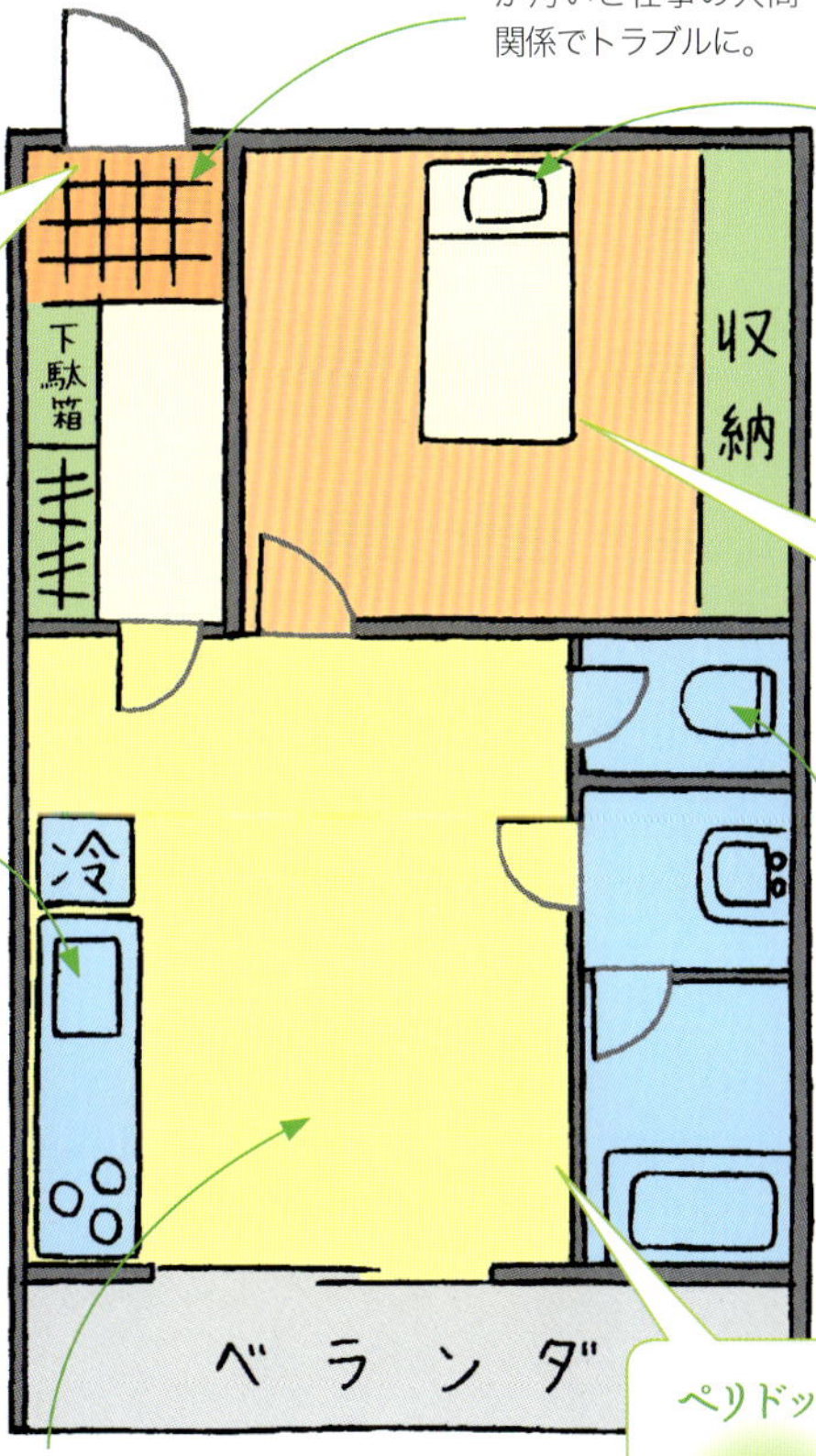

ピンクトルマリン

ベッドまわりに

キッチンで社交運アップ

蝶や星のモチーフを取り入れると、社交運が高まり、華やかな人脈がつくれます。シンクもピカピカに。

白で邪気を払う

邪気がたまりやすいので、トイレグッズは浄化作用の強い白に。掃除のときはドアノブも拭いて。

リビングにセロームを

テレビまわりをすっきり整理整頓すると、よい情報がもたらされます。観葉植物のセロームを置いて。

ペリドット

リビングに

人間関係運

方位
北

2DK

南東に広いスペースがあると気持ちに余裕が生まれ、ストレスなく人と付き合っていけるように。ローズクオーツがやさしい気持ちを育てます。社交運を高める西の玄関には、友愛の意味を持つトパーズを置いて。

浴室に黄色のアイテムを

浴室に黄色のアイテムを。バスタイムを充実させることで、じっくと人間関係を築いていける落ち着きを。

コンロまわりをキレイに

コンロまわりの油汚れはこまめに拭き取りましょう。仕事でのよい人間関係を育めるはず。

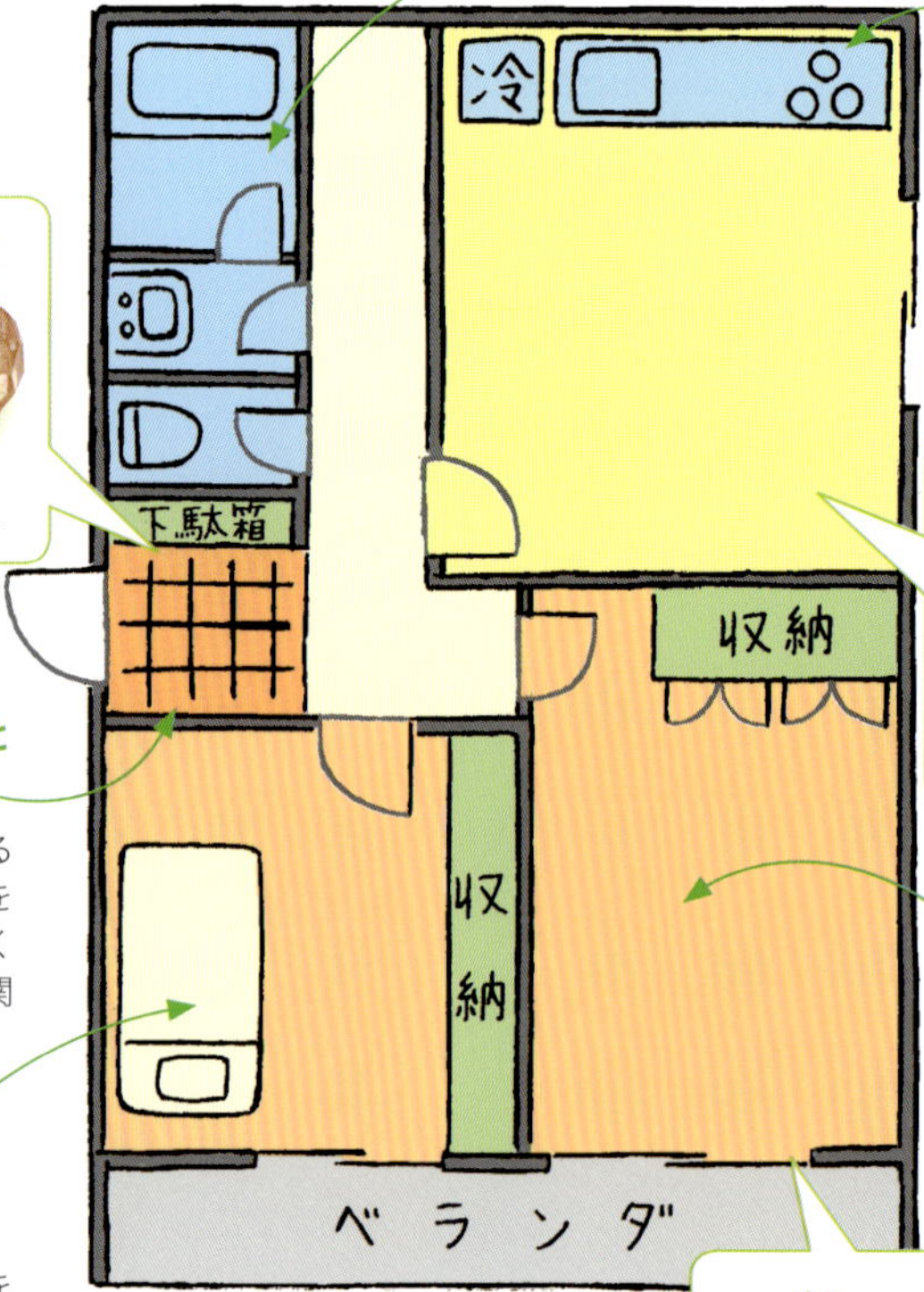

トパーズ

玄関まわりに

ペリドット

ダイニングに

玄関にサボテンとふくろう

邪気を払ってくれる丸い形のサボテンを置きましょう。ふくろうも幸せな人間関係を招きます。

換気をして気を流す

１日１度は窓を開けて気の流れをつくります。余計な物は置かず、カーテンはピンクか白に。

寝室は森林のイメージ

ベッドはぬくもりをもたらす木製が理想的。人に対しても優しくなれます。寝具類はグリーン系に。

ローズクォーツ

窓辺に

2LDK

北西の水まわりは、仕事でのマイナスの人間関係を洗い流し、本当に大切な人だけを残します。北の玄関で、交友関係も落ち着きます。トラブルを避けるラピスラズリを。東のキッチンは食を通して家族の絆を強めます。

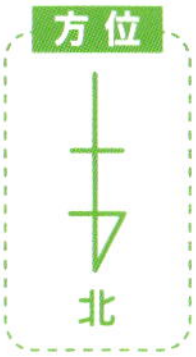

アメジスト

窓辺に

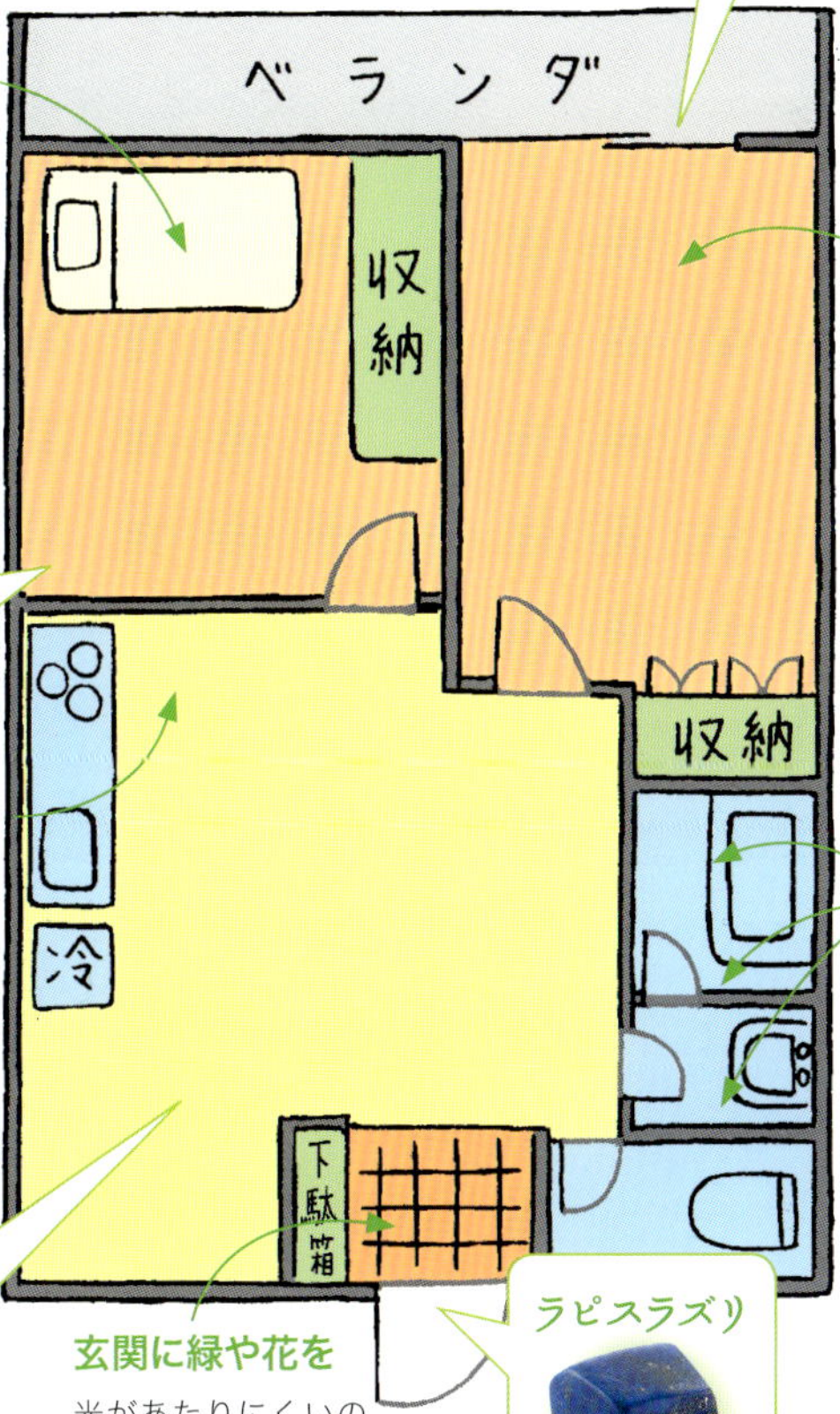

寝室の枕元に写真を

枕元に大切な人と写った写真を飾って。アロマキャンドルやふくろうの置物もよい気をもたらします。

小花柄で運気アップ

黄色を基調とした小花柄のカーテンがおすすめ。低いスチールの上に陶器の置物を飾りましょう。

マラカイト

コーナーに

冷蔵庫はきれいに

冷蔵庫の中をきれいに掃除すると、新しい人間関係がもたらされます。キッチン小物にフルーツ柄を。

水まわりに水色を

ここが汚いと一家の主の人間関係に障害が。排水溝もチェック。トイレグッズは白か水色に。

ペリドット

リビングに

玄関に緑や花を

光があたりにくいので生花や照明で明るく、華やかに。交流を意味するのが緑。花や植物を飾って。

ラピスラズリ

玄関まわりに

3LDK

南東のキッチンは主婦の人脈を豊かにします。始まりを意味する東の玄関は、新しい人との出合いをもたらすので、交流を円滑にするアベンチュリンを置いて。北の収納は、本当によい人との出会いを引き寄せます。

方位
北

寝室には丸い形を

インテリアは丸い形や曲線があるものに。鋭角なデザインのものは気が乱れるので避けましょう。

パール

ベッドまわりに

トイレに赤や星模様を

トイレグッズのポイントカラーは赤、星のモチーフもおすすめ。トイレのコーナーには炭を置いて。

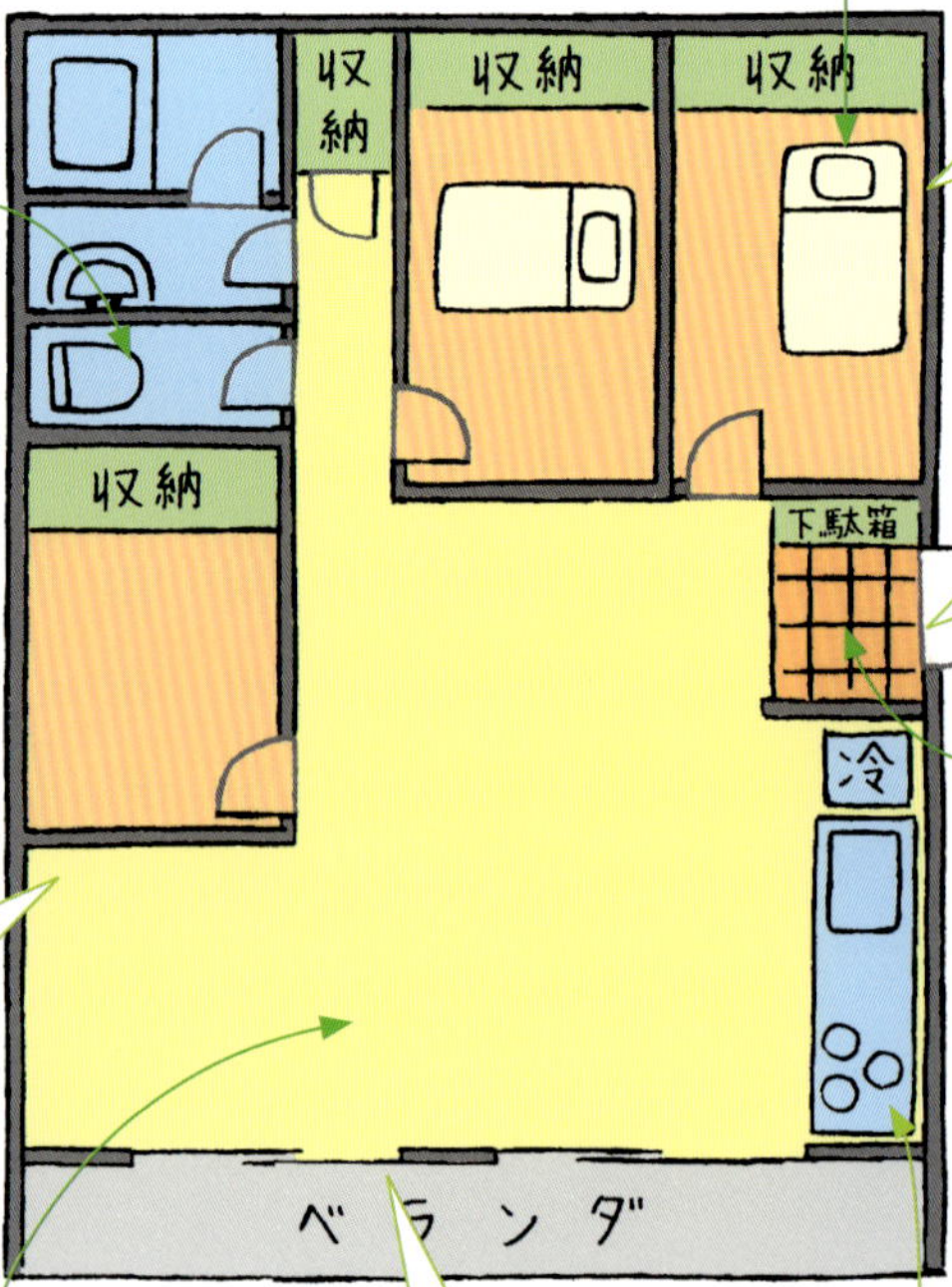

アベンチュリン

玄関まわりに

オニキス

コーナーに

玄関にドアベルを

玄関マットやスリッパはコットン素材に。ドアベルをつけたり、赤い小さな花を飾りましょう。

リビングにベンジャミンを

葉や木がモチーフのクッションカバーなどのファブリック類に。観葉植物のベンジャミンもおすすめ。

ペリドット

窓辺に

キッチンはグリーン系に

キッチンアイテムはペパーミントグリーンを取り入れて。木製のものが多く目に入るように。

人間関係運NG間取りのリカバリー法

「ただいま！」と帰ってきた家族全員が、必ずリビングを通ってから
自分の部屋に行けるようにするのがベストなリビングの配置です。
では、どんなリビングの配置がNG？　NGである理由とその対処法を紹介します。

玄関からリビングが遠い場合

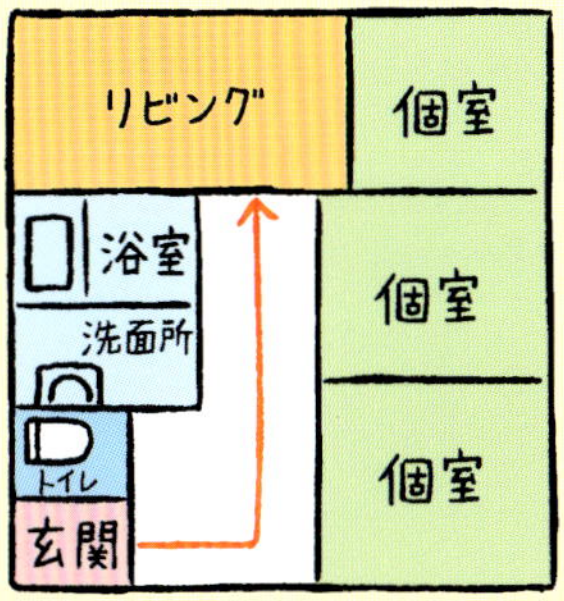

玄関を入ってすぐにリビングがあれば、ソファでひと休みという気持ちになります。玄関から遠いといくのが心理的におっくうになってしまい、自然に家族が集まらなくなります。
【風水対策】 気持ちをほっとさせるアイテムを玄関に置くと、憩いの場であるリビングに心が向かいます。玄関には季節の花や絵を飾りましょう。

玄関から直接各自の部屋へ行ける場合

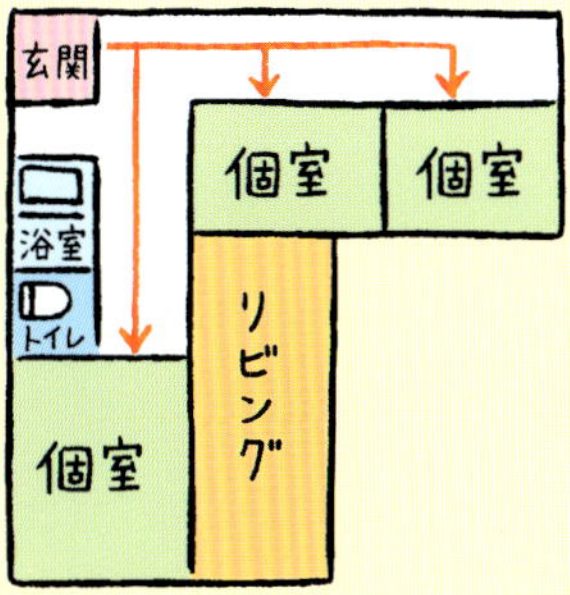

玄関から各自の部屋に直行するようになり、自分の部屋で過ごす時間が多くなり、リビングに家族は自然と集まらなくなります。
【風水対策】 ソファやカーテンなどのインテリアに赤やオレンジなど暖色系のカラーを多用。人を引き寄せるパワーが高まり、リビングに求心力がつきます。

リビングにいくまでに浴室やトイレがある

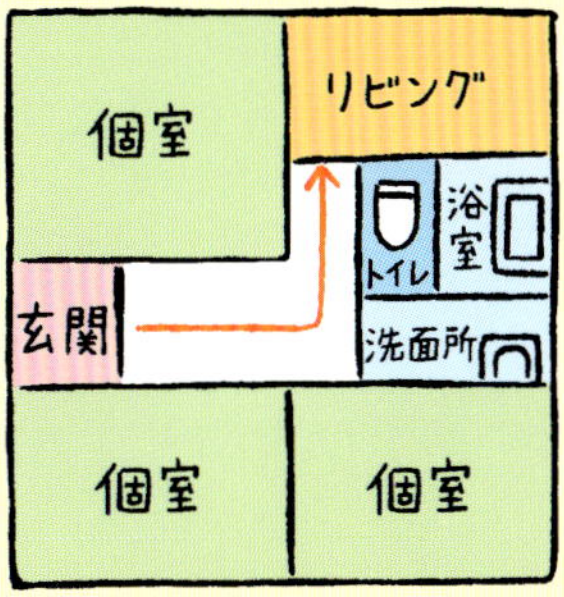

トイレや洗面所、浴室は汚れを落とす場所。湿気も多く邪気がたまりがちです。そうした気が人をリビングに向かわせなくしてしまうことに。
【風水対策】 水まわりはいつもきれいに保つことです。盛り塩、観葉植物、イオン発生器などを置いて空気の浄化をしましょう。

携帯電話で風水パワーを得る

携帯電話は、現代人にとって必須の情報ツールです。私も、仕事だけでなく、プライベートでも携帯電話は手放せません。携帯電話の画面をきれいに拭いたり、パワーストーンのストラップをつけたりすることも風水アクションです。このツールにパワーを与えることになり、よい情報をもたらしてくれます。携帯電話は毎日持つもの。だからこそ、ストラップにパワーストーンを取り入れることは、プラスのパワーをいつも吸収できることにつながるのです。運気別に紹介した石を使ってもかまいませんし、万能ストーンのクリスタルでもＯＫです。

また、私は携帯でメールを送るときに、絵文字やデコメを多用するようにしています。絵や動画から発せされるエネルギーは心を活性化します。感謝の気持ちや応援の言葉に絵を添えることは、相手によい気を送ることになるのです。

携帯サイトのユミリー公式オンラインショップ（http://yumily.jp）では、オリジナルのクリスタルストラップなどを取り扱い中です。

PART 3

幸福を招くパワーストーンカタログ

住まいに取り入れたいパワーストーンの効用をコンパクトに収録。どんな運気にプラス効果をもたらしてくれるかもひと目わかります。パワーストーンの相性や手づくりパワーストーンインテリアも。パワーストーンと楽しく、長く付き合っていくために役立つ情報が満載！

パワーストーンカタログの見方

石の英語での名称です。

石の日本語での名称です。

アクアマリン

（藍玉・らんぎょく）

この運勢に

仕事運

人間関係運

旅行運

石の持つパワーがどの運気アップにつながるかを示しています。

石のパワー

澄んだ海の水を思わせるブルーが、心をゆったりと清らかな状態にしてくれます。穏やかになることで対人関係もとても円滑になり、恋人や夫婦間の心のすれ違いも解消。旅での事故やトラブルを回避する力もあります。

石の特徴やそのいわれと、いろいろなパワーを解説しています。複数の効果がある石がほとんどです。強い効果から順に紹介しています。上手にその効果を取り入れてください。

方位との相性

石と方位の相性を図表にしています。石の置き方の参考にしてください。

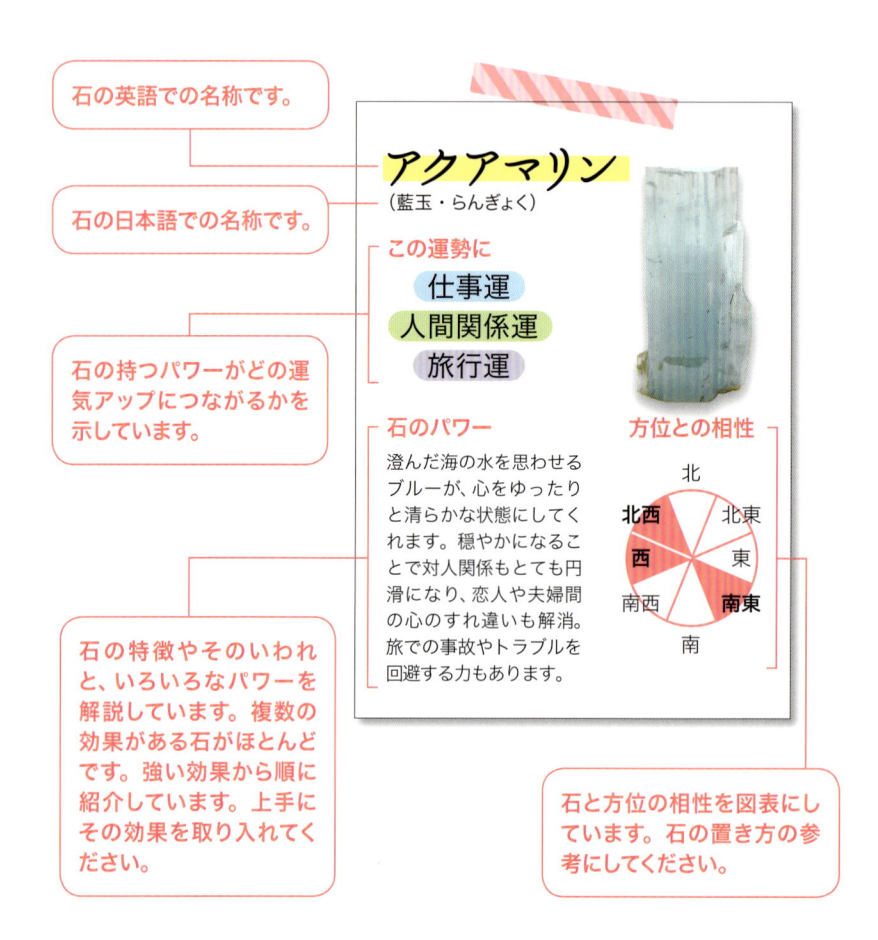

アベンチュリン
（砂金水晶・さきんすいしょう）

この運勢に

人間関係運

家庭運

石のパワー

いらいらや不安で揺れる気持ちを大きな愛のエネルギーで包み込み、安定を取り戻してくれます。抑圧された感情をやさしく解き放ち、円満な家庭や人間関係をつくります。また、洞察力を増す石ともいわれます。

方位との相性

アクアマリン
（藍玉・らんぎょく）

この運勢に

仕事運

人間関係運

旅行運

石のパワー

澄んだ海の水を思わせるブルーが、心をゆったりと清らかな状態にしてくれます。穏やかになることで対人関係もとても円滑になり、恋人や夫婦間の心のすれ違いも解消。旅での事故やトラブルを回避する力もあります。

方位との相性

アラゴナイト
（霰石・あられいし）

この運勢に

結婚運

家庭運

石のパワー

ヒーリング効果が高く、穏やかに心身の疲れを癒してくれます。特に、気分の落ち込みや、対人関係の悩み、肉体の疲労、不眠、自信喪失に悩んだときに有効です。集中力をアップさせ、実力を発揮させてくれます。

方位との相性

アメジスト
（紫水晶・むらさきすいしょう）

この運勢に

勝負運

強　運

結婚運

石のパワー

古くから、宗教の儀式で大切にされてきました。霊的な力が強い石で、お守りとしていつも身につけていると大きなパワーを発揮。不安や恐れを浄化してくれます。また、感情をうまく抑え、直感力をアップさせます。

方位との相性

エメラルド
（翠玉・すいぎょく）

この運勢に
- 家庭運
- 結婚運
- 健康運

石のパワー

永遠に変わらない愛情を育んで、夫婦や恋人同士に安定した生活をもたらします。疲れた精神と肉体に作用し、本来ある治癒力を高めてくれるため、健康・不老長寿・安産・幸福などのお守りとしても人気です。

方位との相性

アンバー
（琥珀・こはく）

この運勢に
- 金　運
- 仕事運
- 健康運

石のパワー

ヒーリング効果にとても優れ、精神の安定に有効です。また、健康・長寿をもたらす力があるとされます。風水では西を守る「白虎」をあらわす石で、富をもたらし金運を呼び込むので珍重されています。

方位との相性

オパール
（蛋白石・たんぱくせき）

この運勢に
- 仕事運
- 恋愛運

石のパワー

虹色に輝くオパールの美しさは、霊的な力を目覚めさせ、潜在能力を引き出してくれます。芸術的な感性を刺激し、創造力や感受性が豊かになるので、自信が生まれます。人を愛する気持ちを引き出し、新しい出会いも。

方位との相性

オニキス
（黒瑪瑙・くろめのう）

この運勢に
- 健康運
- 強　運

石のパワー

周囲の人からの妬み・恨みなどの悪意を跳ね返して、身を守ってくれる働きがあります。自分がネガティブな感情にとらわれて苦しんでいるときは、心を解き放ち、新しい風を呼び込んでくれる効果もあります。

方位との相性

ガーネット
（柘榴石・ざくろいし）

この運勢に
健康運
恋愛運
人間関係運

石のパワー
実りを象徴する石で、目標の達成・恋の成就にパワーを発揮します。浄化力がとても強く、嫉妬や憎悪などのマイナスの感情を清浄にして前向きな姿勢へ変えてくれます。意志力を高め、人間関係の改善にも役に立ちます。

方位との相性

オレンジカルサイト
（方解石・ほうかいせき）

この運勢に
結婚運
仕事運
人間関係運

石のパワー
カルサイトは無色からゴールド・イエロー・オレンジ・ピンク・グリーンなど石の色によってさまざまな効用があります。なかでもオレンジは気分の落ち込みを緩和し、ポジティブな方向へ導いてくれる石です。

方位との相性

カルセドニー
（玉髄・ぎょくずい）

この運勢に
家庭運
人間関係運
健康運

石のパワー
精神と肉体のバランスをはかるパワーストーン。多様な色彩がありますが、どの石にも、恐れや憂いを取り去り、優しい気持ちで人に接することができるようになる力があります。特にコミュニケーション力が高まります。

方位との相性

カーネリアン
（紅玉髄・べにぎょくずい）

この運勢に
結婚運
仕事運

石のパワー
持ち主の願いを叶えてくれる石といわれています。目標に突き進む勇気や、迷いを消して物事にチャレンジする積極性を与えてくれます。ナポレオンもこの石の印鑑を所持していたそう。仕事や勉強の停滞を解消する効果も。

方位との相性

コーラル
（珊瑚・さんご）

この運勢に

恋愛運
仕事運
人間関係運

石のパワー

海の生物である珊瑚のかたい骨軸の部分の名称です。海の持つ無限の力を秘め、癒し効果が強く、常に心を穏やかに保ってくれます。また、根気強さや持続力を与えてくれるので、困難を克服したいときに有効です。

方位との相性

クリスタル
（水晶・すいしょう）

この運勢に

強　運

石のパワー

古くから魔除けやお守り・呪術などに用いられてきたように、万物を浄化し生命力をアップさせる力を持つので、パワーストーンのなかでも万能的な存在です。置いておくだけで、場に穏やかさをもたらします。

方位との相性

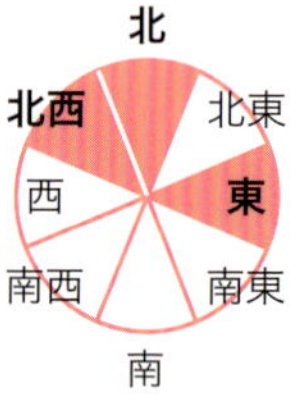

サルファー
（硫黄・いおう）

この運勢に

健康運
金　運

石のパワー

硫黄の結晶で、ピュアでのびやかなエネルギーを放ちます。温泉の効能に似て、血行をよくし心身をのんびりとリラックスさせてくれます。神経痛やリウマチの緩和、体内の解毒作用の促進、胃腸病にも効果があります。

方位との相性

サファイア
（青玉・せいぎょく）

この運勢に

仕事運
恋愛運

石のパワー

ダイヤモンドの次に硬い石で、赤いものがルビー、青いものなどをサファイアと呼びます。信頼・誠実・貞節の象徴で、異性とのつながりを深めてくれます。頭をクリアにし、判断力を高める効果も。癒し効果も期待できます。

方位との相性

シトリン
（黄水晶・きすいしょう）

この運勢に

金　運

仕事運

健康運

石のパワー

商売繁盛、富をもたらすパワーストーンです。太陽のパワーを持つので生命力が高まり、自信と勇気が生まれて積極的になれます。新しくビジネスを始めたり、事業を拡大したりするときには頼りになるお守りとなります。

方位との相性

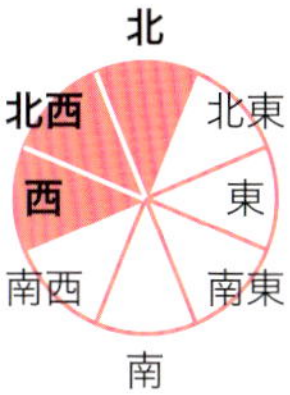

ジェイド
（翡翠・ひすい）

この運勢に

家庭運

人間関係運

仕事運

石のパワー

石の持つ穏やかな浄化パワーが、負のエネルギーからしっかり身を守ってくれます。中国では「仁・義・礼・知・信」の５つの徳を与える石といわれていたように、持つ人に天の叡智を授け人徳を与えてくれます。

方位との相性

スギライト
（杉石・すぎいし）

この運勢に

健康運

仕事運

石のパワー

霊性を高める聖なる色＝紫のこの石は抜群のヒーリング効果を持っています。心の傷を癒してやすらぎを与える働きがあり、細胞を活性化して治癒力も高めてくれます。また、理性に働きかけ、創造力を高めます。

方位との相性

ジャスパー（レッド）
（碧玉・へきぎょく）

この運勢に

結婚運

健康運

石のパワー

生命力をアップさせる石で、心身のバランスが整うことで行動力・思考力・判断力が高まります。なので積極的な行動がとれるようになり、迷いや悩みを消し去ります。守護力を得られるのでお守りに最適です。

方位との相性

セレスタイト

（天青石・てんせいせき）

この運勢に

健康運

仕事運

石のパワー

魂を清め、やさしさと思いやりを生む慈愛のエネルギーに満ちた石です。創造力や表現力を磨き、才能を開花させる効果もあります。寝る前にこの石に触れたり枕元に置いておけば、心地よい眠りにつけます。

方位との相性

セラフィナイト

（斜緑泥石・しゃりょくでいせき）

この運勢に

家庭運

人間関係運

石のパワー

この石の持つ繊細なエネルギーは細胞のすみずみまでいきわたり、魂を目覚めさせ、ハートを開いてくれます。人付き合いが苦手で対人関係がうまくいかない場合にも、この石のパワーで円滑な関係が築けます。

方位との相性

ターコイズ

（トルコ石・とるこいし）

この運勢に

仕事運

旅行運

石のパワー

邪悪なものや危険から身を守るパワーを持っているので、古来から魔除けの装飾品として愛用されてきました。旅の災難を避ける効果も。ネガティブなエネルギーを跳ね返し、力を与えて幸福をもたらしてくれます。

方位との相性

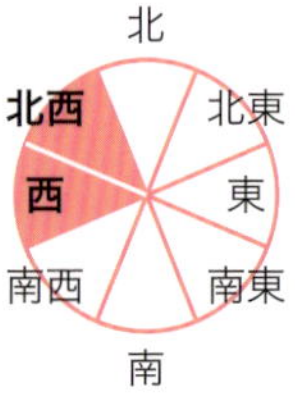

ソーダライト

（方ソーダ石・ほうそーだせき）

この運勢に

仕事運

勝負運

石のパワー

恐れや不安などの心痛を正し、失敗でくじけた気持ちを解放して理性的な行動がとれるようになります。試験や面接・商談などに向かうときには本来の実力を発揮できるための強い味方になってくれます。

方位との相性

トパーズ
（黄石・おうぎょく）

この運勢に

- 金　運
- 結婚運
- 仕事運

石のパワー

持つ人の内面の魅力を引き出し、すべての幸運を引き寄せ、願い事を叶えてくれる石。富や金運だけでなく人間関係でも豊かな実りをもたらして、注目されたり高い評価を受けるため、事業運・ビジネス運も高まります。

方位との相性

タイガーアイ
（虎目石・とらめいし）

この運勢に

- 金　運
- 仕事運
- 勝負運

石のパワー

まさに虎の目のようにすべてを見通し、深い洞察力と鋭い決断力で物事を成功に導きます。持つ人に自信や実行力を与えるので、仕事・勉強に豊かな実りをもたらし、金運アップにも強力な影響を与えます。

方位との相性

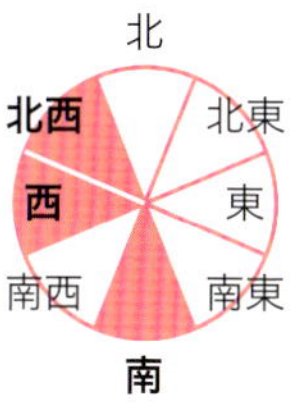

ピンクカルサイト
（方解石・ほうかいせき）

この運勢に

- 美容運
- 恋愛運

石のパワー

許しの力をもつ慈愛の石といわれています。裏切りや嫉妬に苦しんでいるときには、この石を身近に置きましょう。この石の持つ愛のエネルギーがマイナスの気持ちを信頼へとかえ、執着や束縛から開放してくれます。

方位との相性

パール
（真珠・しんじゅ）

この運勢に

- 健康運
- 美容運

石のパワー

高貴で優雅な輝きは、海が生み出した宝石で純潔を象徴します。見ているだけで心を癒し、忍耐力や包容力を与えて幸福へと導いてくれます。特に、感情が穏やかになり、それが体調のよさにつながります。

方位との相性

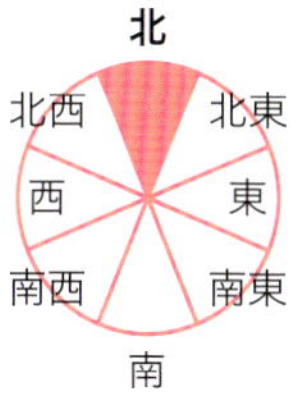

ブラックトルマリン
（電気石・でんきせき）

この運勢に

健康運

強　運

石のパワー

血行促進、細胞の活性化、免疫力の向上など健康によいことずくめのトルマリン。電磁波予防の効果もあるといわれ、オフィスでも重宝します。特にブラックトルマリンは、マイナスイオンを発生させるといわれています。

方位との相性

ピンクトルマリン
（電気石・でんきせき）

この運勢に

美容運

恋愛運

石のパワー

恋愛全般にわたってサポートする力を持っているので、出合いのチャンスを生み出すのはもちろん、幸せな交際を持続させます。失恋の傷も癒し、心を穏やかにするのでやさしさや美しさ、若々しさを引き出します。

方位との相性

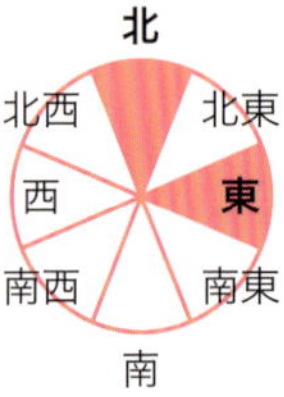

フロライト
（蛍石・ほたるいし）

この運勢に

仕事運

人間関係運

石のパワー

精神を統一させ、ひらめきや柔軟な思考で問題を解決する力を与えてくれます。また、ストレス解消をサポートし、意識をクリアに保ってくれます。集中力や理解力が高まるので、勉強や仕事がはかどります。

方位との相性

ブルーレースアゲート
（空色縞瑪瑙・そらいろしまめのう）

この運勢に

人間関係運

健康運

石のパワー

心の高ぶりを抑さえ、穏やかなエネルギーで包み込んでくれます。冷静さを取り戻して安らいだ気持ちになるので、人間関係が円滑になり、特に友人との付き合いを円滑にします。イライラしやすい人にうってつけです。

方位との相性

ペリドット

（橄欖石・かんらんせき）

この運勢に

人間関係運

家庭運

石のパワー

光が闇を照らすように、太陽のパワーで嫉妬や恨み・怒りなどのネガティブな感情から解放して、前向きなエネルギーで満たしてくれます。それによって内面も輝き、魅力的な存在として男女問わずに注目が集まります。

方位との相性

ヘマタイト

（赤鉄鉱・せきてっこう）

この運勢に

健康運

強　運

石のパワー

古来より戦いの守護石とされ、精神や生命力に働きかける力を持っています。持つ人に自信と勇気を与えて行動力をアップさせます。血を象徴する石でもあるので、貧血などにも有効。イライラも解消してくれます。

方位との相性

ムーンストーン

（月長石・げっちょうせき）

この運勢に

健康運

恋愛運

石のパワー

女性を象徴する「月」のエネルギーを持っているので、やさしさを引き出して恋愛を成就させ、幸せな家庭へと導きます。潜在能力を引き出し、危機を察知して回避する力もあります。また、直感を高める力も。

方位との相性

マラカイト

（孔雀石・くじゃくいし）

この運勢に

家庭運

人間関係運

健康運

石のパワー

ヒーリング作用が高く、痛みや苦しみ、また、ストレス、疲労などを取り去って、安眠や体力の回復に力を発揮します。邪気を払うパワーも強いので、他人の悪意に悩まされている人は身につけると効果的です。

方位との相性

モルガナイト

(モルガン石・もるがんせき)

この運勢に

恋愛運

美容運

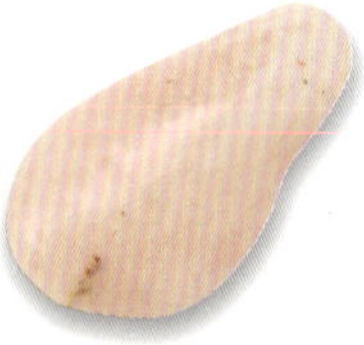

石のパワー

愛の本質を教え、持続させる力を持っているので、恋愛が長続きしない人や飽きっぽい人に効果的な石です。身につけておけば、愛情のこもった思考や行動をとれるようになり、愛を成就できます。ストレス解消にも有効。

方位との相性

モスアゲート

(苔瑪瑙・こけめのう)

この運勢に

家庭運

人間関係運

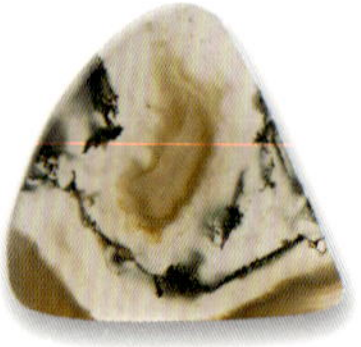

石のパワー

植物の成長を助け豊穣をもたらす石として豊作を祈る儀式などに使われてきました。心を穏やかで満ち足りた状態にしてくれます。生活そのものを豊かで実り多くし、周囲とのコミュニケーションも円滑になります。

方位との相性

ラリマー

(曹灰針石・そうかいしんせき)

この運勢に

仕事運

人間関係運

石のパワー

間違った思い込みや頑なさから解放され、心が愛に満たされます。人間関係も円滑になり、ポジティブなエネルギーが生まれ、仕事も順調に進みます。特に、クリエイティブな仕事に大きな力を与えます。

方位との相性

ラピスラズリ

(瑠璃・るり)

この運勢に

勝負運

健康運

強　運

石のパワー

邪気を払い幸せを運んでくるといわれる「強運石」です。悩みや迷いで運気が落ちているとき、眠っている力を呼び覚まして最良の方向へ導く、強いパワーがあります。疲れて元気がないときにエネルギーを補給するのに有効です。

方位との相性

ルビー
（紅玉・こうぎょく）

この運勢に

結婚運
金　運
仕事運

石のパワー

ダイヤモンドの次に硬く燃えるような真紅のこの石は「勝利の石」です。不屈の精神で困難を克服し、戦いを勝利に導きます。情熱や生命力の強いパワーを持つので、恋愛においても勝利者に導いてくれます。

方位との相性

ルチルクオーツ
（針入り水晶・はりいりすいしょう）

この運勢に

金　運
仕事運
勝負運

石のパワー

水晶の中に金色の線がはいっているため、金運を呼ぶとされています。肉体と精神を活性化させて運気の向上を促し、仕事や学業で大きな成果をもたらします。集中力・直観力を高めるので、勝負事にも有効です。

方位との相性

ロードクロサイト
（菱マンガン鉱・りょうまんがんこう）

この運勢に

恋愛運
結婚運

石のパワー

美しいバラ色のこの石は、愛と情熱を象徴しています。生涯のパートナーを望む人には出会いと結婚を、失恋で臆病になっている人には新しい恋をスタートする勇気を、倦怠期の恋人たちには情熱を与えてくれます。

方位との相性

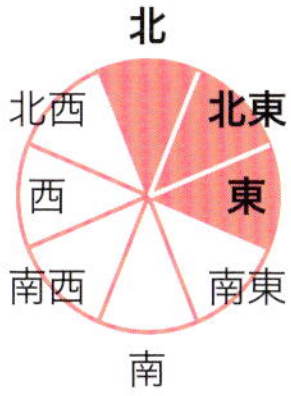

ローズクオーツ
（紅水晶・べにすいしょう）

この運勢に

恋愛運
結婚運

石のパワー

恋を成就させるエネルギーを持つ代表的な石です。女性の内面のやさしさや美しさを引き出して、素敵な出会いをもたらし、愛を育み、幸せな結婚へ導くために絶大な力を発揮します。失恋の傷も癒してくれます。

方位との相性

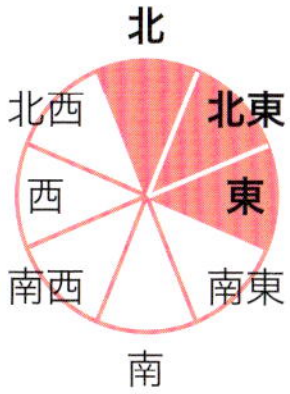

パワーストーンの相性

相性のいい石同志を一緒にしてパワーアップ

相性が合う人と仕事をすると、物事はスムーズにいき、結果として大きな成果が得られたという経験はないでしょうか？　これと同じように、石にもお互いを高め合う相性があります。さまざまな考え方があるとは思いますが、ここでは風水の五行の考え方にそって、石の相性をまとめて次ページから紹介していきます。五行のエネルギーとは、木、火、土、金、水です。五行のエネルギーにも相性があり、それをベースに相性の合うエネルギーにパワーストーンをあてはめてみたものです。

いろいろな石を一緒に持ってもパワーがケンカするということはありません。でも、石をチョイスするときは直感が大切です。たとえ相性の合う石でも、自分にしっくりこないときは、無理に一緒に持つ必要はありません。

五行でみるパワーストーンの相性

木
のエネルギー
ペリドット
ジェイド
マラカイト
ローズクオーツ
エメラルド

○

水
のエネルギー
クリスタル
パール
ムーンストーン
オニキス
セレスタイト

水
のエネルギー
クリスタル
パール
ムーンストーン
オニキス
セレスタイト

○

金
のエネルギー
アクアマリン
シトリン
ターコイズ
タイガーアイ
オパール

土のエネルギー
ジェイド
アンバー
トパーズ
ジャスパー（レッド）
ガーネット
○
火のエネルギー
ルビー
アメジスト
オレンジカルサイト
トパーズ
スギライト
土のエネルギー
ジェイド
アンバー
トパーズ
ジャスパー（レッド）
ガーネット
○
金のエネルギー
アクアマリン
シトリン
ターコイズ
タイガーアイ
オパール

手づくりインテリア①

おうちでつくるパワーストーンインテリア

吊るして楽しむプリズムシャンデリア

クリスタルで自力を高めて幸せ体質に！

全体 35㎝
材料　テグス（6号）45㎝、高さ36㎜・直径16㎜矢じり型のカットクリスタル（クリア）１個、カニカン１個、かしめ玉５個、８㎜カットクリスタルビーズ（クリア）3個、４㎜アクリルビーズ（クリア）18個
道具　ペンチ

パート1の「レッスン8」や「実践編」でも紹介したように、パワーストーンは吊るして飾るのが効果的。ぜひトライして欲しいのが、クリスタルとキラキラビーズを使った〝プリズムシャンデリア〟。もっと手軽に楽しみたいなら貼って楽しんでも。

クリスタルプリズムシャンデリアのつくり方

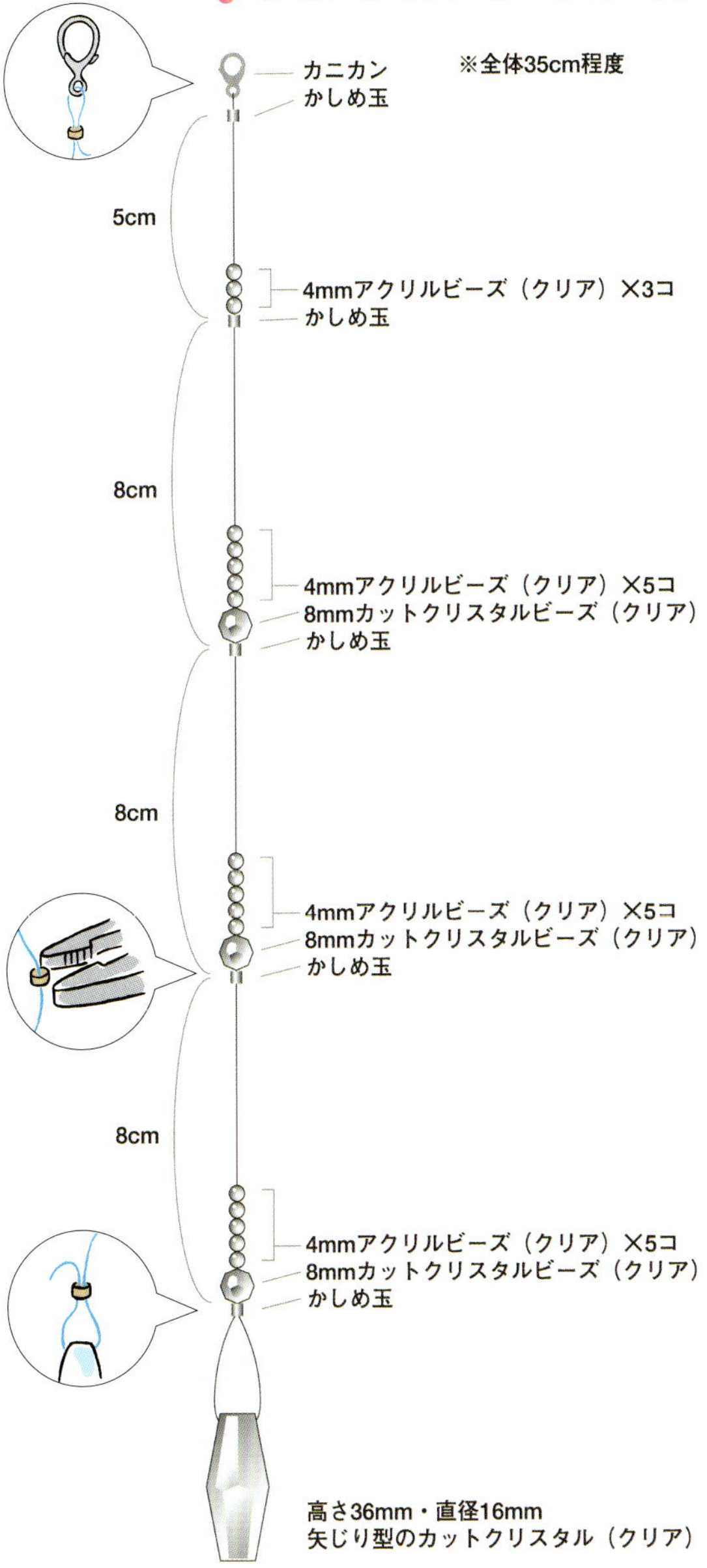

基本のつくり方

1 テグス（6号）を指定の長さ＋10㎝で切ります。
2 かしめ玉（留め金）、矢じり型のカットクリスタルの順にテグスを通し、テグスの先をかしめ玉に戻してペンチでつぶします。
3 先端のカットクリスタル部分ができたら、図を見ながら下から順にビーズを通していきます。
4 かしめ玉の位置は測ってマジックでテグスに印をつけておきます。
5 全てのビーズを通し終えたら、最後にカニカンをつけます。かしめ玉、カニカンの順にテグスを通し、先をかしめ玉に戻してペンチでつぶします

ローズクオーツで恋愛をつかむ
東の窓辺に吊るして恋のパワーを拡散！

全体 50㎝

材料　テグス（6号）60㎝、直径20㎜球形のカットクリスタル（クリア）1個、カニカン1個、かしめ玉3個、2㎜カットクリスタルビーズ（クリア）40個、3㎜カットクリスタルビーズ（ローズクオーツ）30個、8㎜カットクリスタルビーズ（ローズクオーツ）6個、4㎜アクリルビーズ（クリア）25個、7㎜アクリルビーズ（クリア）6個

道具　ペンチ

ローズクオーツプリズムシャンデリアのつくり方

137ページの基本のつくり方をベースに、左の図どおりにビーズをテグスに通してつくります。

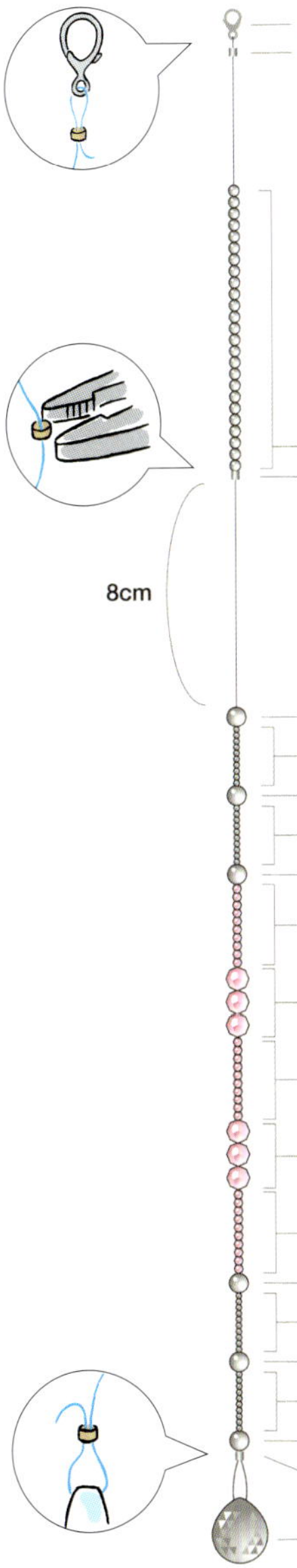

手づくりインテリア②

ストーンを貼って パワフル風水アイテムに

観葉植物の鉢や鏡などの風水アイテムに、パワーストーンを貼るだけです。用意するのは、手芸用ボンドとお気に入りのパワーストーンだけ。自由に貼ってあなただけのパワーストーンインテリアを楽しんで。

つくり方

1
さざれ（パワーストーン）を貼る範囲を決め、鏡の周囲に手芸用ボンドを塗り、指で薄く広げます。

2
手芸用ボンドを塗った部分にたっぷりとさざれを散らし、上から軽く手で押していきます。

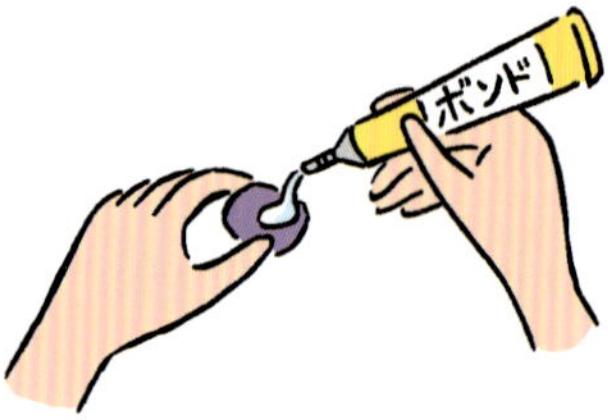

つくり方

鉢や手鏡にパワーストーンの貼る位置を決めます。石に手芸用ボンドを塗りそのまま決めた位置に貼ります。

※さざれ＝こまかいパワーストーンのこと。

PART 4

ライフスター別パワーストーン活用術

ユミリー風水で運勢を見るときのベースとなるのが、
生まれ年から割り出した星、ライフスターです。
ライフスター別のパワーストーンや、パワーストーンを
使って人との相性をよくする風水術もお教えします。
パワーストーンに関する素朴な疑問を集めたQ＆Aも、
パワーストーンを十二分に活用するための参考に。

生まれ年で自分のライフスターを知りましょう

ライフスターから性格や住まいづくりの鍵を知る

ユミリー風水では、生まれ年から割り出した星で運気を見ていきます。この星をライフスターといいます。自然界には9つのエネルギーが循環しています。その年に一番強いパワーを持ったエネルギーがあなたのライフスターとなります。

ライフスターからは、運勢はもちろんですが、その人の本質や性格、適した住まいやインテリア、ほかの星との相性などがわかります。よい気をもたらしてくれるパワーストーンも、ライフスターによって異なります。左の表を参考に、自分のライフスターを確認して、幸せをつかむために役立ててください。

ライフスター早見表

風水では１年の終わりは立春の前日の節分（２月３日か４日）。
たとえば1976年２月４日生まれは、前の年の七赤金星がライフスターです。

生まれ年	ライフスター	節分(2/4)	生まれ年	ライフスター	節分(2/4)	生まれ年	ライフスター	節分(2/4)
1935年(昭和10)	二黒土星	●	**1961**年(昭和36)	三碧木星		**1987**年(昭和62)	四緑木星	
1936年(昭和11)	一白水星	●	**1962**年(昭和37)	二黒土星		**1988**年(昭和63)	三碧木星	
1937年(昭和12)	九紫火星		**1963**年(昭和38)	一白水星		**1989**年(昭和64・平成1)	二黒土星	
1938年(昭和13)	八白土星		**1964**年(昭和39)	九紫火星	●	**1990**年(平成2)	一白水星	
1939年(昭和14)	七赤金星	●	**1965**年(昭和40)	八白土星		**1991**年(平成3)	九紫火星	
1940年(昭和15)	六白金星	●	**1966**年(昭和41)	七赤金星		**1992**年(平成4)	八白土星	
1941年(昭和16)	五黄土星		**1967**年(昭和42)	六白金星		**1993**年(平成5)	七赤金星	
1942年(昭和17)	四緑木星		**1968**年(昭和43)	五黄土星	●	**1994**年(平成6)	六白金星	
1943年(昭和18)	三碧木星	●	**1969**年(昭和44)	四緑木星		**1995**年(平成7)	五黄土星	
1944年(昭和19)	二黒土星	●	**1970**年(昭和45)	三碧木星		**1996**年(平成8)	四緑木星	
1945年(昭和20)	一白水星		**1971**年(昭和46)	二黒土星		**1997**年(平成9)	三碧木星	
1946年(昭和21)	九紫火星		**1972**年(昭和47)	一白水星	●	**1998**年(平成10)	二黒土星	
1947年(昭和22)	八白土星	●	**1973**年(昭和48)	九紫火星		**1999**年(平成11)	一白水星	
1948年(昭和23)	七赤金星	●	**1974**年(昭和49)	八白土星		**2000**年(平成12)	九紫火星	
1949年(昭和24)	六白金星		**1975**年(昭和50)	七赤金星		**2001**年(平成13)	八白土星	
1950年(昭和25)	五黄土星		**1976**年(昭和51)	六白金星	●	**2002**年(平成14)	七赤金星	
1951年(昭和26)	四緑木星	●	**1977**年(昭和52)	五黄土星		**2003**年(平成15)	六白金星	
1952年(昭和27)	三碧木星	●	**1978**年(昭和53)	四緑木星		**2004**年(平成16)	五黄土星	
1953年(昭和28)	二黒土星		**1979**年(昭和54)	三碧木星		**2005**年(平成17)	四緑木星	
1954年(昭和29)	一白水星		**1980**年(昭和55)	二黒土星	●	**2006**年(平成18)	三碧木星	
1955年(昭和30)	九紫火星		**1981**年(昭和56)	一白水星		**2007**年(平成19)	二黒土星	
1956年(昭和31)	八白土星	●	**1982**年(昭和57)	九紫火星		**2008**年(平成20)	一白水星	
1957年(昭和32)	七赤金星		**1983**年(昭和58)	八白土星		**2009**年(平成21)	九紫火星	
1958年(昭和33)	六白金星		**1984**年(昭和59)	七赤金星	●	**2010**年(平成22)	八白土星	
1959年(昭和34)	五黄土星		**1985**年(昭和60)	六白金星		**2011**年(平成23)	七赤金星	
1960年(昭和35)	四緑木星	●	**1986**年(昭和61)	五黄土星		**2012**年(平成24)	六白金星	

一《いっ》白《ぱく》水《すい》星《せい》の性格と家づくり

九星の中でただひとつの水の星が、一白水星です。水はどんな生物にとっても必要不可欠な存在。水は穏やかに流れることも、激流になることもあります。あたためれば水蒸気になり、冷やせば氷になり、丸い容器にも四角い容器にも収まります。状況によって姿を変え順応できることが一白水星の性格をあらわしています。

柔軟性に富み、行動的で陽気。駆け引きも得意です。ささいなことは笑って受け流せるソフトで穏やかな印象を与えますが、内面はかなりの頑固者です。

水は器に入らないと形になりません。器になる目標が決まると一生懸命に努力を重ねます。早いうちに自分の方向性を決めることで成功を収めるタイプです。自然と周囲から必要とされますが、他人に対しては用心深い面があり、相手を信用するまでには時間がかかります。

一白水星のラッキーストーン

クリスタル　オニキス
エメラルド

一白水星の家づくり

できれば一戸建てに住むのがベストです。マンションなら低層階に住みましょう。家の中に水槽や水をたくさん取り入れ、水や水の流れをイメージさせるようなインテリアを取り入れるようにして。インテリアの基調色を白にして、ポイントカラーに紺や赤を使いましょう。水盤や水差し、水玉のクッションなどのアイテムもおすすめ。

家の中で大切にしたい方位　北

二《じ》黒《こく》土《ど》星《せい》の性格と家づくり

万物を育む母なる大地、畑を意味する星が、二黒土星です。粘り強く正直で、コツコツと努力することをいとわない性格。良妻賢母タイプで石橋を叩いて渡る用心深さも持っています。人を裏切ることもなく、周囲から信頼される星です。他人にも献身的に尽くすのですが、リーダーというより、サポート役が適しています。

努力していることを褒めてもらうと、嬉しくなってさらに頑張ります。ただし、ひとりで奮闘するより他人に頼って生きるほうが運気は開きます。年長者や地位のある人に頼ることで安定します。また、決断を迷う傾向があり、即断即決は苦手です。

見た目は華やかなタイプと地味なタイプに分かれますが、どちらもサービス精神旺盛です。尽くしすぎてしまう傾向があるので、相手が息苦しくなることもあります。自ら積極的なアプローチをすることは苦手です。

二黒土星のラッキーストーン

アンバー　トパーズ
ガーネット

二黒土星の家づくり

庭のある家がおすすめです。マンションでも専用の庭つきならベスト。庭がない場合は、部屋の中に観葉植物の鉢植えをたくさん置いて、土のパワーを取り入れるようにしましょう。大地のイメージを持つ家にしたいので、家具なども背の低いものに。インテリアの基調色はクリーム色や山吹色にして、黒や黄色をポイントカラーにしましょう。

家の中で大切にしたい方位　南西

三《さん》碧《ぺき》木《もく》星《せい》の性格と家づくり

三碧木星は木の星で、芽が出たばかりの若木や花、またきれいな音が象徴です。これから大きく成長していくフレッシュな印象を人に与えます。明るくにぎやかなことやおしゃべりが大好き。自分の知性や美しさに自信を持ち流行に敏感で、周囲から注目されたいという願望を強く持っています。

素直で優しい性格ですが、好き嫌いははっきりしていて、理が伴わないと行動に出ることはありません。そのせいで、口先だけで実行が伴わないと思われがち。有言実行を心がけることで運気が開けます。

華やかな雰囲気を持つので、自信家のように見らますが、内面はとてもナイーブで臆病な一面も持っています。なのでいつも守ってくれる人が必要。相手がよそ見をすると、途端に機嫌が悪くなり、やきもちやきになってしまう一面もあります。

三碧木星のラッキーストーン

ルビー　ラピスラズリ
アメジスト

三碧木星の家づくり

家の中に水槽を置くなどして、水を取り入れるようにしてください。植物や花を欠かさないようにすると強運の持ち主になれます。若々しい木々のイメージを持つインテリアにして、ナチュラルな雰囲気に。また、流行に敏感なので、そのときどきのトレンドを取り入れましょう。インテリアの基調色はグリーン系、赤をポイントカラーにして。

家の中で大切にしたい方位　東

四緑木星《しろくもくせい》の性格と家づくり

四緑木星は三碧木星と同じ木の星ですが、成長した森林や樹木、その木々の間を吹き抜ける風です。気の向くままに流れる風のように、交際範囲が広く人付き合いは抜群です。争いごとを好まない平和主義者で、気前のよさは九星中トップ。明るい性格で、周囲への気配りをアピールすることで人気運に恵まれます。人の和を気にするあまり八方美人に見られてしまうことも。

お金より人脈、身内より他人との付き合いを重視するタイプで、金銭に対する執着は希薄です。優柔不断な一面もあるので、人に利用されてチャンスを逃さないように注意しましょう。人に引き立てられることで運気が開けてきます。

人と人の間を風のように通り抜けるので、八方美人が高じて浮気性になってしまうこともあります。

四緑木星のラッキーストーン

エメラルド　ラピスラズリ
アメジスト　ターコイズ

四緑木星の家づくり

木の素材やコットンなど自然素材のものを多く取り入れましょう。家の中に水槽を置くと、運気が高まります。家具はオーク素材やケヤキならベストです。たたみもラッキーインテリア素材のひとつ。ぜひたたみを暮らしに取り入れてください。インテリアの基調色はペパーミントグリーンにして、水色や黄色をポイントカラーにしましょう。

家の中で大切にしたい方位　南東

五《ご》黄《おう》土《ど》星《せい》の性格と家づくり

九星の中央に位置し、腐葉土を意味する土の星が五黄土星です。腐葉土は作物に養分を与えますが、いきすぎてしまうとすべてを腐らせてしまう両極端の面を持っています。なので栄枯盛衰のどちらかに偏る運を持っています。五黄土星は逆境でも生き抜く強い星で、帝王の星とも呼ばれています。

強いリーダーシップを持ち情に厚いのですが、人に指図されることを嫌います。自分の考え方のみが正しいと信じる傾向があり、ときには他人に対して傲慢になります。ただ、周囲との協調を考えすぎると運気が弱くなり、独善的なほうが運気に恵まれます。

ひとりでも生きていける強さを持っているので、人との出合いや別れに対しては淡白です。プライドが高いので、決っして去る人を追いかけることはありません。

五黄土星のラッキーストーン

アンバー　ダイヤモンド
アメジスト

五黄土星の家づくり

どんなに小さくても一戸建てがベスト。家の中には水槽などは置かないこと。ベランダや室内に観葉植物を置き、いつも風通しをよくして、太陽の光をたくさん家の中に入れるようにしましょう。家具は重厚なものが合います。インテリアの基調色は黄色やクリーム色に。また、レンガも取り入れ、ポイントカラーに金色を使いましょう。

家の中で大切にしたい方位　中央

六白金星《ろっぱくきんせい》の性格と家づくり

六白金星は金の星で、空に輝く星、または天空そのもの。さらに竜巻のようなパワーを持った星です。九星の中で最も活動的で、人の上に立つべく生まれてきたような社長の星といえます。明るく大胆な性格でエネルギッシュ、人から慕われて信望を集めます。そんな他人の力を借りて発展していきます。

逆境になればなるほどパワー全開になり、問題の渦中へ進んで飛び込んでいきます。正義感も強く、ちょっとした不正も見逃すことができません。また、人が困っているのを見すごせず、手を差し伸べる人情味もかねそなえています。

プライドが高く冷静な面を持っていますが、相手の気持ちを考えて行動するのは苦手。竜巻のようなエネルギーで、周囲の人を巻き込みながら物事を進めるので、周囲がついてこられないこともあります。

六白金星のラッキーストーン

アクアマリン　ターコイズ
トパーズ　ラピスラズリ

六白金星の家づくり

見晴らしのよい家で、大きなガラス窓がある部屋があるとベスト。家の中に水槽などを置き、水を取り入れると運気が上がります。インテリアの基調色を水色や白にして、ステンレスやガラス素材のアイテムを取り入れてください。ポイントカラーはシルバーにして、高級感がある家具やアイテムでスタイリッシュな部屋づくりをしましょう。

家の中で大切にしたい方位　北西

七《しち》赤《せき》金《きん》星《せい》の性格と家づくり

六白金星と同じ金の星ですが、七赤金星は夜空に輝く星で、きらびやかな世界が似合う人です。行動は派手で、おしゃべりと人付き合いが大好き。七赤金星は目立ちたがり屋でプライドが高く、人に謝るのは苦手、常に楽しいことを追い求めます。人を褒めても、謝っても本心からの言葉ではないと思われて誤解されることもあります。

同情心に熱く感性鋭い勤勉家ですが、打算的な考え方が強く片意地をはる傾向もあります。いつも真摯な心を周囲に伝えるように努力すれば、運気は開けます。

遊び好きの星で誘われたら断れず、お姫様のように扱ってくれるグループを好みます。人間関係ではプライドが高いので未練があっても、そんな気配は感じさせず、追いすがることもしません。プライドは、夜空に輝く星に匹敵する高さです。

七赤金星のラッキーストーン

ダイヤモンド　シトリン
ムーンストーン　パール

七赤金星の家づくり

夜景がきれいに見え、太陽の光がたくさん入る家がベストです。ガラスやミラーを利用した家づくりをすると財運に恵まれます。キラキラと輝きのある金属やガラスのアイテムを身近に置くと発展への近道になります。家具は丸みのあるもので、クラッシックな白いものに。インテリアの基調色は白やクリーム色にして、金色をポイントカラーにしましょう。

家の中で大切にしたい方位　　西

八白土星《はっぱくどせい》の性格と家づくり

土の星で、大きくそびえる山が八白土星です。周囲に安心感や安定を与え、家族から頼りにされます。ひとつのことに長い時間をかけて、コツコツと努力することで、安定した人生を築く大器晩成型。人の何倍もの努力で、大きな山を築きます。

また、物事を細かく計算して自分の才能を開花させる策略家の一面も持っていますが、それを外に出すことはありません。お金も細かく計算して貯めることが得意。無駄なお金を使わない人や、焦らず粘り強い人のほうが運気は開きます。好き嫌いがはっきりしていて、お世辞をいうのが苦手ですが、さりげない行動で心配りをします。

八白土星は自分で地道に努力して、山をどんどん大きくしていきます。ただし、周囲の人も自分と一緒に成長していかないと、足手まといに感じてしまう性格です。

八白土星のラッキーストーン

トパーズ　ラピスラズリ
ダイヤモンド　クリスタル

八白土星の家づくり

高台にある一戸建てがおすすめです。マンションなら高層階を選びましょう。広い庭があるとベストですが、無理な場合は草木、森、庭といった山に関係のあるモチーフをインテリアに取り入れてください。しっとりと落着いた和風モダンインテリアがおすすめ。基調色はクリーム色にして、赤やゴールドをポイントカラーにしてください。

家の中で大切にしたい方位　北東

九《きゅう》紫《し》火《か》星《せい》の性格と家づくり

太陽や火を象徴するのが九紫火星で、九星中たったひとつの火の星です。周囲を明るくあたたかくし、どんどん引っ張っていくリーダータイプ。情熱的で鋭い感性を持ち勝ち気で負けず嫌い、人を圧倒させる強烈なパワーを持っています。

火の粉が飛び散るように、新しいものに気持ちが移りやすく、熱しやすく冷めやすい性格です。感情の起伏が激しい一面も持っています。太陽は空から地上を照らし、決して地上にはおりてきません。他人の行動を冷静に見る傾向があります。

反面、思慮が足りない行動や言動を取ったり、短気や移り気を起こしてトラブルになり失敗することも。着実に努力するより短期決戦のほうが成功します。火の星なので、密閉されると酸欠状態になり火が消えてしまいます。束縛されたり、何かを押しつけられるのが大の苦手です。

九紫火星のラッキーストーン

アメジスト　ルビー
エメラルド

九紫火星の家づくり

八白土星と同様に高い場所にあり、大きな窓やテラスから、太陽の光がたっぷりと入る家がベストです。家の中に水槽など水に関わるアイテムを置かないことが大切。ただし逆に、オーシャンフロントなど家の前に水辺があると発展運を高めます。インテリアの基調色はクリーム色やベージュにして、ポイントカラーに紫や赤を使い明るいインテリアに。

家の中で大切にしたい方位　南

相性を強化し、補うパワーストーンの使い方

パワーストーンでスムーズな人間関係をもたらす

人間関係においては相性の善し悪しというのは必ずあります。相性が合わないのは、たとえ同じものを見ていても、お互い異なる方向から見ているから。相性が合うときは自然と自分の気持ちが相手に伝わるもの。逆に、相性が合わない場合はいくら説明しても理解してもらえません。相性が合わないときは、自分の考えに相手を引き込もうとするのではなく、相手と自分とは異なることを認めなければいけませんね。幸せな人生を歩むためには、相性が合う同士はさらにお互い理解を深め、相性の合わない相手とも上手に付き合っていくことが大切です。ライフスターには相性があります。それをあらわしたの

が左の図です。友人やパートナー、会社の上司や同僚との相性を見てみましょう。

問題なのは相性が合わない場合ですよね。でもユミリー風水にはそれを軽減する方法があります。たとえばあなたが一白水星で、相手が九紫火星の場合、相性は合いません。その場合、その間にいる三碧木星と四緑木星の人が間に立ったり、クッション役になると、ふたりの関係に生じるトラブルは軽減されます。

パワーストーンを活用することで、これと同じような効果を得ることができるのを覚えておいて欲しいのです。方法は簡単です。一白水星のあなたが、三碧木星か四緑木星のラッキーストーン（各星のラッキーストーンは144ページ～参照）を身につけるようにすればいいわけです。ほかの星のケースも同じです。

逆に、相性が合う場合、相手と上手に関係を築きたい、あるいは思いを伝えたいというときは、相手の星のラッキーストーンを身につけてみてください。

ライフスターの相性を知る

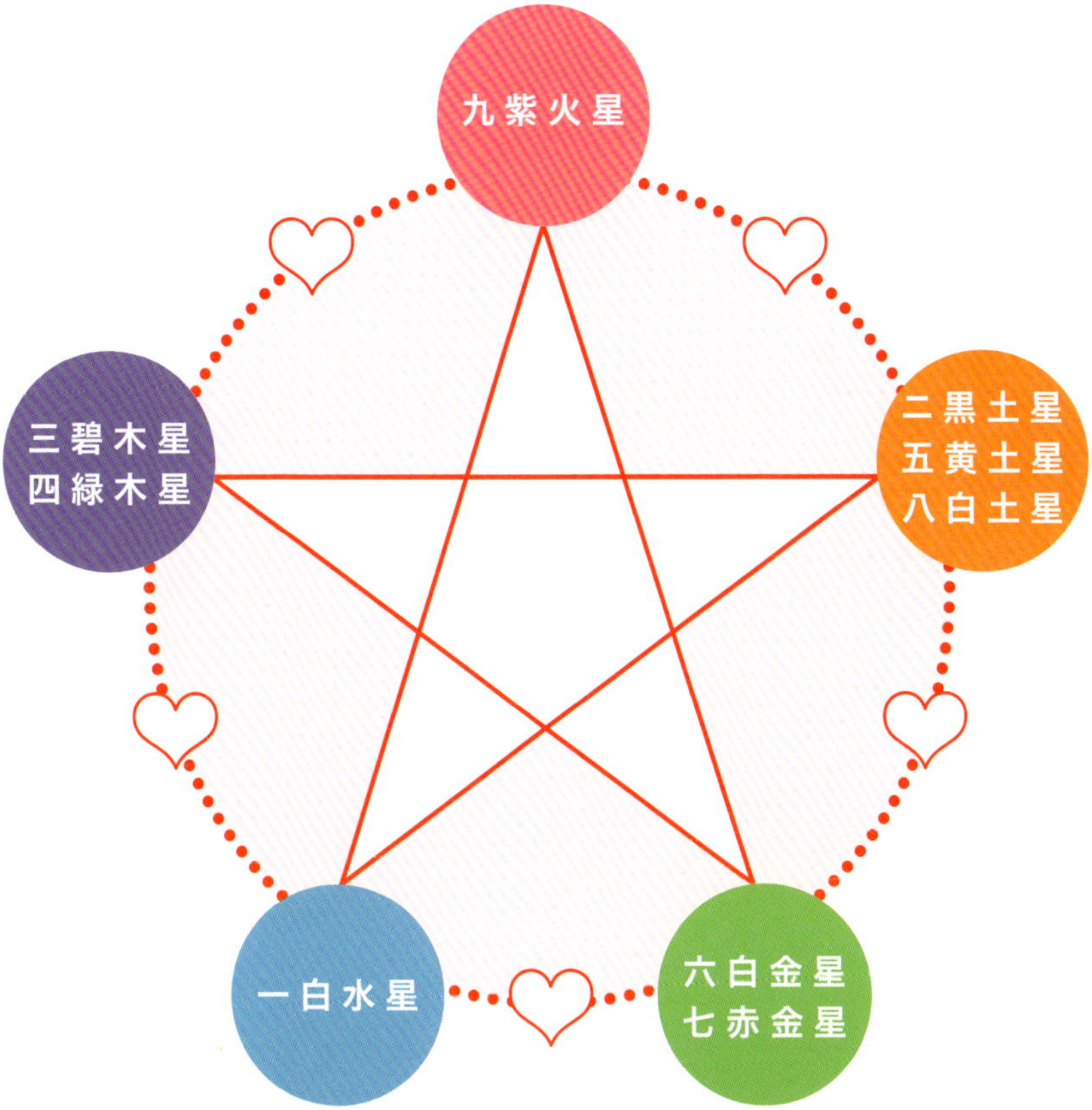

【相性の見方】 隣り合うグループ（点線）の星同士は相性が合い、対面するグループ（実線）の星同士とは相性は合いません。たとえば、あなたの星が七赤金星の場合、相性が合うのは、同じグループの六白金星、両隣りのグループの一白水星、二黒土星、五黄土星、八白土星。相性が合わないのは、九紫火星、三碧木星、四緑木星です。

もっと知りたいパワーストーンQ&A

Q1 願いが叶ったらどうする？

石を浄化したり（30ページ参照）、白い布に包んだりして、一度リセットさせます。こうして石をお休みさせてあげることで、再びその石から新しいパワーを感じとれるようになります。

Q2 石は大きければ大きいほどいいの？

よいか悪いかではなく、大きな石ほど強いパワーがあります。大きな石は跳ね返しの力が強いので、玄関など気の入り口に置くと邪気を払ってくれます。身につけたり、身近なところ置く石は小さいものにしましょう。

Q3 異なる石をたくさん持っていてもいいの？

いくつ持っていても問題ありません。おすすめしたいのは、石と石の間にクリスタルを置くこと。石同士の縁を切ることでひとつひとつの石の力を強めることになります。目的達成へのパワーが高まります。

Q4 石が割れたり、欠けてしまったら?

割れたり、欠けたりは、縁起が悪いということではなく、自分の身がわりになって厄災をかぶってくれたともいえます。割れることで石のパワーが落ちることはありません。割れてしまった面を浄化させて使いましょう。どうしても持っていたくないときは、家の庭や鉢の土に返しましょう。

Q5 石が曇ってしまったらどうする?

石は持っている人に降りかかる邪気を吸い込み、曇っていくこともあります。ですから、曇ったときこそ大切に扱ってあげることが大切です。気になったら浄化してください。布で磨いてもいいでしょう。

Q6 石を人にあげてもいいの?

もちろんまったく問題ありません。贈る人の雰囲気やその人の幸せを願って選ぶようにしてみましょう。相手の好きな色がわかれば、その色の石をチョイスしてもいいですね。

Q7 石をなくしてしまったら?

その石とは縁がなかっただけです。縁のあるなしは石を使ってみなければわかりません。人と同じように、石ともいつか別れるときがくるもの。気にすることはありません。ほかに気に入る石を探してみて。

Q8 何度浄化してもいいの？

何度浄化してもかまいません。毎日浄化することはありませんが、週に1回、また、月に1回など自分で回数を決めて定期的に行うのもいいでしょう。毎日石をきれいに磨くだけでも浄化になります。

Q9 石を人からもらったら？

他人からいただいた石でも縁あって自分のところにやってきたもの。いつも身近に置くことで、だんだんとなじんできます。合わないと感じるときは、一度浄化します。

Q10 原石と加工してある石はどっちがパワーがある？

石そのもののパワーに違いはありません。ただし、跳ね返す力は原石のほうが強いもの。邪気払いなどに使うときは磨かれていない原石のほうが効果を発揮します。

Q11 なかなか望みが叶わないときは？

石は自分の目標を達成するためのパワーを補うために使うものです。望みが叶わないのは自分の努力が足りないから。努力はしているのに……という人は石をかえてみるというのも方法です。縁のある石ならきっとパワーを得ることができるでしょう。

Q12 石のパワーの寿命ってあるの？

石のパワーがなくなることはありません。多くの願い事をしたり、石のパワーが落ちてきたと感じたりしたら、浄化してリセットしてください。本来のパワーが戻ります。

Q13 石を手放すときの注意ポイントは？

人生はいいときもあれば悪いときもあります。こうした運気によって自分のそばに置きたい石というのはかわってくるもの。どれも最初は気に入って手にした石です。たとえば、健康運に恵まれないときは、心身を癒してくれるような石をチョイスすることがありますが、運気がかわり前向きに物事に取り組めるようになると、癒しの石は必要なくなります。けれども、運気というのは一定のリズムでめぐっているので、また癒しの石が欲しくなるときがやってきます。ですから、手放したいと思ったときは、白い布に包んでしまい、時間をおくといいでしょう。

Q14 値段の高い石のほうがいいの？

色や形状、重さ、また希少性などで石の値段は決まります。石を選ぶときは、この石になんとなくひかれる！　というインスピレーションがあくまでも大切。高いから運気アップに効果的ということはありません。

Q15 外に置くときの注意ポイントは？

外に置く石は、大きな石やクラスター系の原石がいいでしょう。自然界にはよい気も悪い気もあるので、家に入ってくる邪気だけを払ってくれます。家の欠け部分にパワーストーンを置くと厄災を防ぐ効果が（雨に弱い石は置かないこと）。

著者
直居由美里
(なおい・ゆみり)

風水建築デザイナー。「ユミリープランニングスペース」代表。学問として、風水・家相学などを30年にわたり研究し、独自のユミリー風水を確立。「人は住まいから発展する」というユミリーインテリアサイエンスの理念のもと、風水に基づいた家づくりが評判に。芸能人や各界のセレブにもファン多数。テレビや雑誌、講演会のほか、企業のコンサルタントとしても活躍中。文化センターの講師としても好評を得ている。2009年「易聖」の称号を得る。著書は『ユミリー風水 天中殺の運命』『ユミリー風水 恋を引き寄せる魔法のCDブック』(ともに主婦と生活社)、『ユミリー風水 幸せの相性』『望みを叶える風水生活』(ともに大和書房)など多数。携帯サイト「直居ユミリー恋愛♥風水」(http://yumily.jp)では、波動表に基づいた運勢やアドバイスを毎日更新中。「ユミリー成功の法則」(http://yumilys.jp)では、毎日の仕事に役立つ運勢のほか、数多くの著名人を成功へ導いたユミリー姓名判断も!

編集・製作/(有)テクト
イラスト/田上千晶
デザイン/桜庭文一・平野亜矢子+ciel inc.
撮影/大崎 聡(P38-44)
ストーン撮影/鈴木真貴
ヘア&メイク/今森智子
プリズムシャンデリア製作/光岡郁子

協力/ピュアリ(ネイチャーワールド株式会社)
〒102-0072 東京都千代田区飯田橋3-3-9石川ビル1F
電話 03-5214-4881
http://www.natureworld.co.jp/purely/
パワーストーン参考文献/『願いがかなう! 幸運のパワーストーン事典』
クリスタル ピュアリ編著(河出書房新社)

ユミリー風水で幸運を呼ぶ
パワーストーン・インテリア

●協定により検印省略
著者/直居由美里
発行者/池田 豊
印刷所/日経印刷株式会社
製本所/日経印刷株式会社
発行所/株式会社池田書店
〒162-0851 東京都新宿区弁天町43番地
電話 03-3267-6821(代)/振替 00120-9-60072
落丁、乱丁はお取り替えいたします。

ISBN978-4-262-15304-9

1100002